图书在版编目（CIP）数据

语文地图．巴山蜀水岭南 / 诸荣会主编．-- 南京：江苏凤凰教育出版社，2018.5

ISBN 978-7-5499-7344-6

Ⅰ．①语… Ⅱ．①诸… Ⅲ．①语文课—中小学—课外读物 Ⅳ．① G634.303

中国版本图书馆 CIP 数据核字（2018）第 107370 号

书　　名	**语文地图 巴山蜀水岭南**
主　　编	诸荣会
责任编辑	陆　琼
出版发行	江苏凤凰教育出版社（南京市湖南路 1 号 A 楼　邮编：210009）
苏教网址	http://www.1088.com.cn
照　　排	南京新华丰制版有限公司
印　　刷	溧阳市金宇包装印刷有限公司
厂　　址	溧阳市埭头工业园埭中路 28 号
开　　本	718 mm × 1000 mm　　1/16
印　　张	16.25
版　　次	2018 年 5 月第 1 版 2018 年 6 月第 1 次印刷
书　　号	ISBN 978-7-5499-7344-6
定　　价	49.80 元
网店地址	http://jsfhjycbs.tmall.com
公 众 号	江苏凤凰教育出版社（微信号：jsfhjyfw）
邮购电话	025-83658677，025-83658679
盗版举报	025-83658579

再版前言

《语文地图》再版，是预料之中的事！

作为该书的编者，这倒并不仅仅是信了那“一份耕耘一份收获”的古训，即因为自己当年对它的策划、编辑、校对等扪心自问是花了心思的；而是因为它首版的当年，就曾多次加印，不仅被中宣部及安徽、河南等省列入“农家书屋”装备用书目录，而且还通过国家正规版权输出渠道，在香港、新加坡等华文地区出版发行了数量不小的繁体中文版——这一切足可证明，作为一套中学生课外阅读书，它事实上已超出了当初编辑时设定的读者定位。

的确，“读万卷书，行万里路”，既是学生学好语文的秘诀，也是一般人提高文学水平的根本。然而，对于许多人来说常常是鱼和熊掌难以兼得。有的读者，或许正读着“万卷书”，却无法去“行万里路”，借助于《语文地图》即可进行一次纸上的旅行；有的读者，或许“行万里路”的机会多多，但却不可能重回学校“读万卷书”了，出门时携一卷《语文地图》，寂寞的旅程会变得充实而温暖！或许只是巧合，记得《语文地图》首次出版的当年，江苏省南京市的中考作文题竟然是“带上一本书去旅行”，《语文地图》竟有幸成了那一年南京市中考考生作文中“去旅行”时所带上的那“一本书”，这也足以可见该书是多么的让广大学子对它心有戚戚呵！今再次重排再版，正是响应广大读者的需要。

这次重排再版，为了保持原书已被读者实际认可的风貌，内容上未作太大改变，只对少数地方进行了必要的完善和修订，编排方面则重新设计了版式和四封，增加和替换上了许多新的图片，并采用了全彩印刷，也是为了让它以更光鲜的面目出现在读者的面前，以不负广大读者对它的厚爱。

只是这新版的《语文地图》到底怎样，还请读者朋友读后把你的意见和感受告知我们，因为我们坚信，它还会重印、再版。

诸荣会

2018 年 4 月 9 日

（诸荣会　作家、书法家，现在在江苏凤凰教育出版社工作，历任编辑、副编审、杂志社社长兼主编等）

序言

中国是一个文化悠久、幅员辽阔的国家，古往今来的许多名篇佳作，既属于产生它们的历史时代，同时也属于一定的文化地域，有的本身已成为了地域文化的一部分，若将它们放置到一定的文化地域中进行语文阅读和文化观照，无疑是有利于我们将这些作品读懂、读深、读透的。因此，《语文地图》虽只是一部供中学生阅读的语文课外读物，但编辑创意是具有学术眼光的，同时也可谓别具匠心；这也正是它高出目前市面上一般教辅之所在，也是我乐意将它推荐给广大中学师生的原因。

“读万卷书，行万里路”，历来都既是一般人提高文学水平和文化素养的根本，也是学生学好语文的秘诀。《语文地图》的编辑创意或许正是来自于此吧！然而，人们事实上许多时候是鱼和熊掌难以兼得的，尤其是现在的中学生，不要说他们中许多人根本就没有“行万里路”的家庭经济条件，就是家庭经济条件较好的学生，他们的课业负担是那么的重，也很难有“行万里路”的时间和精力。《语文地图》或许正可以为广大的中学生在这方面作一些弥补。

我近年来对中学语文教学一直十分关注，但是据我了解，由于种种复杂的原因，目前中学语文教学的现状是难以令人乐观的，普遍的现象是，许多的中学生对于语文课缺乏应有的热情，其中的原因当然十分复杂，是非三言两语所能说清的，这里我只想对广大的中学生朋友说一句：如果你想提升对语文的热情，不妨借助《语文地图》进行一次纸上的旅行吧，或许再上语文课，你就会获得一种别样的精彩！如果你在难得的假期出门旅游，又不想让这样难得的幸运成为一种奢侈，那么就请携上一卷《语文地图》吧，你的心灵就不仅仅会在自然景观中得到悠闲，而且会在语言的景观中发现新的精神家园。

我之所以在这里对中学生朋友这样说，是因为《语文地图》作为一套语文课外读物，对于广大中学生来说至少具有三个方面的实际意义：

第一，本书除了对课本中那些熟悉的精美诗词、古今美文，进行形象的知识解读和全新的文化定位外，更选取与它们相关、相似，互通、互证的名家名篇、新人新作——读者对它们的阅读，无意间便从课内读到了课外。

第二，书中所收古今精美诗文，皆以地理分区和文化地域为单元、以城市为支点编排，一册在手，读者在获得阅读享受的同时，定然万千里江山奔来眼底,数千年往事注到心头——语文在无意间便完成了与地理、历史的对接。

第三，那些耳熟能详的唐诗宋词，那些脍炙人口的古今美文，本书力求让其回到它们文化的“原产地”，为读者指出它们属于哪座山，哪条河，哪座城市，哪条街道，甚至哪座亭子、楼阁和墓碑……你可以循着它们，选择一个假期,去完成一次文化之旅——你便踩着诗人的足迹,既从今天走向了古代,也从课堂走进了生活。

总之,《语文地图》有如一座有效沟通课内与课外、语文与生活、语文教学与各学科教学的桥梁，而这样的一种沟通，又正是我们今天语文新一轮课程改革所需要的。

据我所知，“语文地图”本是《新语文学习》杂志的一个品牌栏目，这一栏目自开设以来一直深受读者欢迎，证据之一便是杂志发行量逐年上升，这在今天众所周知的情况下实属不易。这次编辑部又将这一栏目再作精心编辑、充实，集中成书出版，亦可谓“多年磨一剑”，相信定会得到广大读者的欢迎。

孙绍振

2010 年 4 月 28 日

（孙绍振　著名学者、作家，福建师大教授、博士生导师，北师大版中学语文教材主编）

目录

上编：思君不见下渝州

锦官城外柏森森——成都

锦江春色来天地——都江堰

巴东三峡巫峡长——重庆

汉封遗迹空怜在——汉中

随风直到夜郎西——贵阳

春城无处不飞花——昆明

下编：粤庭蕉窗听秋雨

城里三山古越都——福州

椰风蕉林五羊城——广州

奇山异水甲天下——桂林

共来百越文身地——柳州

椰风海韵醉游人——海口

上编

思君不见下渝州

锦官城外柏森森

成都

【图说】

成都位于四川中部，是四川省省会和中国西南重要的交通枢纽，也是著名的历史文化名城。成都古为蜀地，秦并巴、蜀为蜀郡并建城，汉因织锦业发达专设锦官管理，故有锦官城之称，五代蜀时遍种芙蓉，故别称芙蓉城，简称蓉。

成都是古蜀国文化的重要发源地，这里创办了中国历史上第一所官办学堂——石室学堂（今石室中学）。在唐宋经济发达、文化繁荣时期，著名诗人李白、杜甫、李商隐等都曾流寓成都，创作了大量吟诵成都风物的诗词歌赋，并留下众多文化遗迹，如武侯祠、杜甫草堂、青羊宫、文殊院等。

【走读】

斜插芙蓉醉梦中

◎张　燚

车快到成都时，雨愈发大了起来，窗上尽是一片片湿痕。八月的这座西部城市，恰似梅雨季节的江南一隅，闷闷的，湿度很大。从东部穿越群山来到这个盆地仿佛回到了初始点一般。

西汉时期，成都因经济繁荣成为当时中国的“五都”之一，特别是其蜀锦织造业，是汉朝重要的国库收入来源。蜀汉时期，诸葛亮在四川实行休养生息、扶持农商的经济政策，成都作为蜀汉首都得到了较大的发展，从晋代左思《蜀都赋》的叙述可见当时盛况。文中写道：“市廛所会，万商之渊，列隧百里，罗肆万千，堕贿山积，纤丽星繁……”好一幅物阜民丰、欣欣向荣的交易市场画卷！到了唐代，成都还

诸葛庐

有“扬一益二”之誉，意思是它的繁华仅次于江南的扬州。

站在这片土地上，不知不觉中产生了一种亲切的感觉，是因为空气中弥漫的湿气，还是因为那熟悉的历史、诗词、美文，或是那入云的高楼大厦？岁月流转，应该是学生时代那一本《三国演义》和一首首文人的诗词，使我产生了这样的亲近吧。

其实，入川以来，我的嘴唇边、脑海中，早已不自觉地吟诵着杜甫悼念诸葛亮的那首诗：

蜀　相

丞相祠堂何处寻，锦官城外柏森森。
映阶碧草自春色，隔叶黄鹂空好音。
三顾频烦天下计，两朝开济老臣心。
出师未捷身先死，长使英雄泪满襟。

到了成都，放下行囊，便迫不及待地去了武侯祠。从住处步行约六里左右，便来到武侯祠门前。首先映入眼帘的是“汉昭烈庙”的四字匾额，心里不禁寻思，为何不是“武侯祠”呢？入内方知端倪，此祠不只是诸葛亮一人的香火供奉之处，尚有蜀汉先、后二主以及大小臣子合祭之灵位。大家熟悉的三国蜀汉文臣武将大多在内。

向前直行仅十步，右有唐碑，左有明碑。乃时人念蜀汉之业，遂感而撰之、书之、刻之。尤其是唐碑，乃唐代名相裴度所撰，名书法家柳公权之弟手书，名工匠所篆刻。所以，唐碑亦称“三绝碑”，谓文、书、刻三绝。明碑乃张时彻所撰。

直入小殿，出得殿来，在两侧回廊上，分别有塑立于清康熙年间文臣武将之像。左为武将，右为文臣。和《三国演义》中的描写相同的是，许多武将都是死于对先主刘备的尽忠。文臣更是让观者内生敬佩，他们多勤政爱民，不置私产，怀有一片拳拳爱国之心。

自刘备及关、张殿出，又见回廊。回廊尽头就是武侯祠了。在解说员的

武侯祠“花径”

提醒之下，方知回廊匾额上“武侯祠”三字乃是郭沫若先生墨宝。其“武”字纵横铺张，很有一番忠烈、威武之意。回廊立柱上亦有众多对联，除去著名的“诸葛大名垂宇宙”外，民国时的一联更让我感喟。上书“成大事以小心一生谨慎”。谨慎小心，却又为国鞠躬尽瘁，诚良臣也哉！

书　愤

早岁那知世事艰，中原北望气如山。
楼船夜雪瓜洲渡，铁马秋风大散关。
塞上长城空自许，镜中衰鬓已先斑。
出师一表真名世，千载谁堪伯仲间！

鲁迅先生在《中国小说史略》中说《三国演义》“状诸葛亮之多智而近妖”。如今，经过易中天先生的一番讲演，“三国”故事中的演义成分更是褪去了一些浮华。

但在诸葛亮身后的千年时光里，我们不能否认，他代表了中国古代知识分子的一种完美人格。历史中的诸葛亮和文学作武侯祠“花径”品中的他，在绝大多数中国人的心中已不能截然分开。我们谈论诸葛亮，讲起“三国”

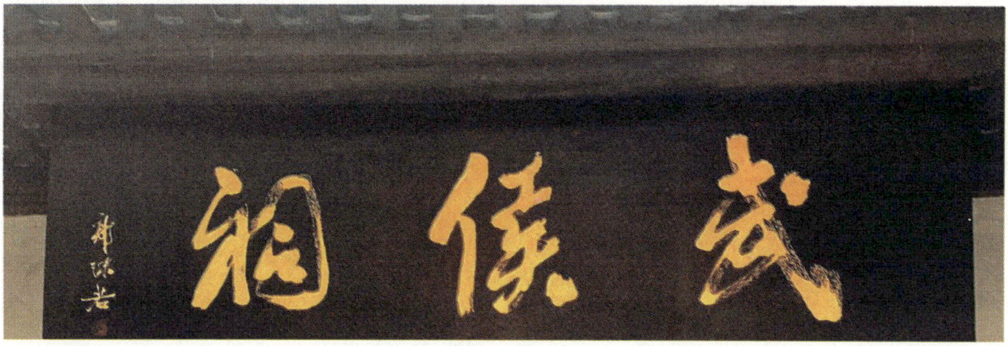

故事，其实已和历史无关，重要的是我们内心的审美和对历史人物的评价标准。无论是“出师未捷身先死”的悲壮，还是“长使英雄泪满襟”的共鸣，都是后代人们对他的最高礼赞。他的盖世才华，他的“鞠躬尽瘁，死而后已”的执着精神，是一代又一代中国人汲取的无比丰富的古典文化精粹。

徜徉在绿树成荫的小径上，正是夏浓之时，美景恍若梦境。陶醉在盛夏的武侯祠中，饱览了如画美景，便怀想起那金戈铁马的征战年代，心中暗暗许愿，盼人世间不再有纷争、战乱，人民得以安居乐业、安享太平。

武侯祠一角

【胜 迹】

游览建议路线

武侯祠 · 杜甫草堂 · 文殊院 · 青羊宫

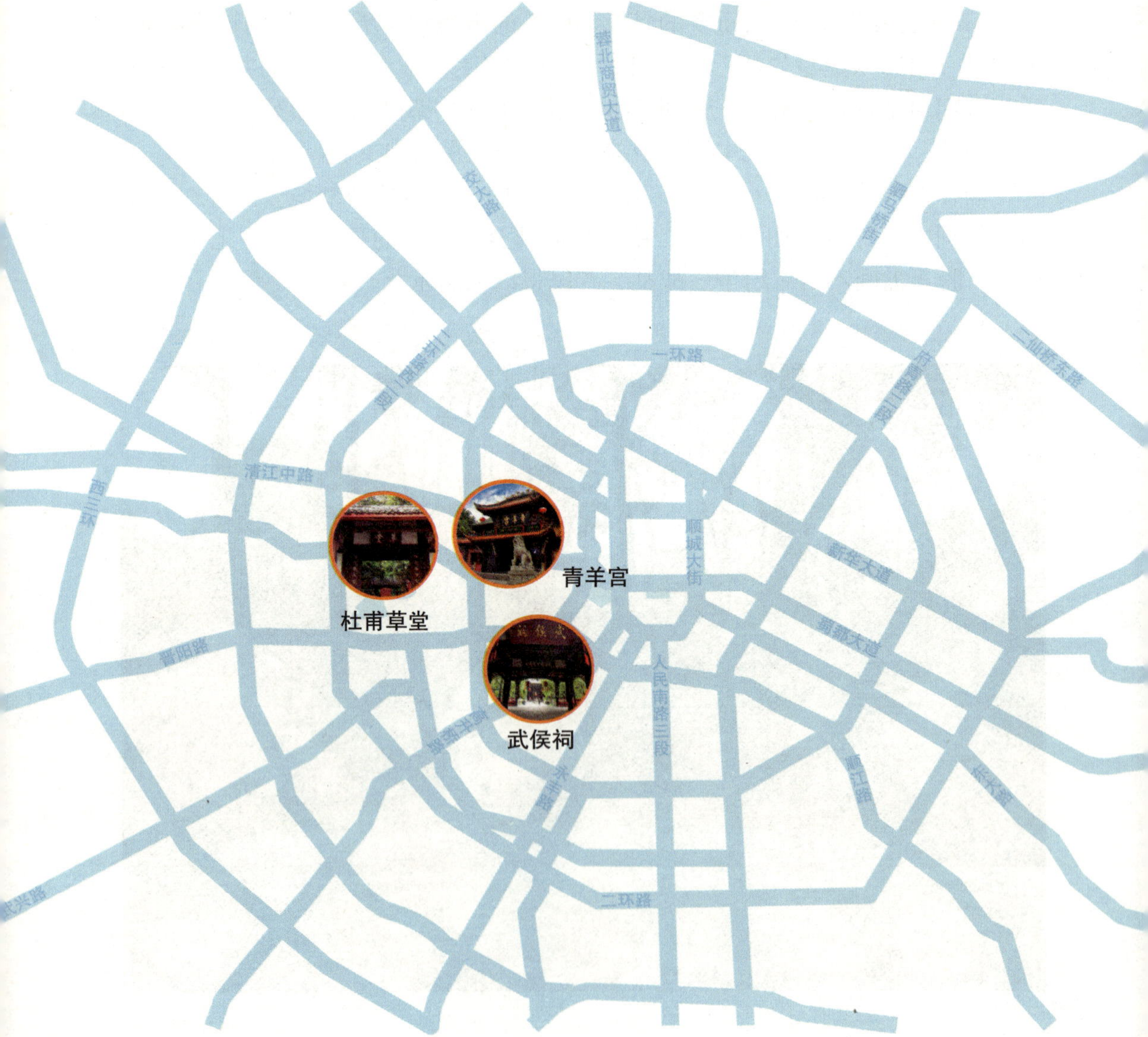

成都名胜分布示意图

春夜喜雨

【唐】杜　甫

好雨知时节，当春乃发生。
随风潜入夜，润物细无声。
野径云俱黑，江船火独明。
晓看红湿处，花重锦官城。

杜甫像

梅花绝句

【宋】陆　游

当年走马锦城西，
曾为梅花醉似泥。
二十里中香不断，
青羊宫到浣花溪。

陆游像

杂曲歌辞·竹枝

【唐】刘禹锡

日出三竿春雾消，
江头蜀客驻兰桡。
凭寄狂夫书一纸，
信在成都万里桥。
（节选）

刘禹锡像

峨眉山月歌

【唐】李　白

峨眉山月半轮秋，
影入平羌江水流。
夜发清溪向三峡，
思君不见下渝州。

李白像

【名篇】

芙蓉城

◎ 罗念生

燕京城像一个武士，虽是极尽雄壮与尊严，但不免有几分粗鲁与呆板；芙蓉城像一个文人，说不尽的温文，数不完的雅趣。芙蓉城的地基相传是西王母大发慈悲，用香灰在水面炼成的：城中从来不敲五更，因为敲了便会沉没；不信，掘地三尺便可见水，好像历城一样到处都是水源。这城在一个高原的盆地中央，四围环绕着"蓊郁千山峰"。西望灌县的雪岭犹如在瑞士望阿尔卑斯山的雪影一般光洁。春天来时，山上的积雪融化了，洪水暴发，流到一个极大的堰内；堰边筑着一道长堤，防范这水泛滥。这堤比黄河的堤防还更坚实，还更紧要，特派一员县令治理；倘若疏心一点，那座城池顷刻就会变作汪洋。堰内的水力比起奈阿格拉瀑布的还

九眼桥

强：磨成水电，全省可以不烧柴炭。

从这堰口分出几十支河流，网状般荟萃在岷沱二江，芙蓉城就在这群水的中央。谷雨时节，堤边开放一道水门，让清亮的雪水流下盆地给农家灌溉。这些农田多是方方块块的，有古井田的遗风，也就像我们顶新派诗人的“整齐主义”一样美。这儿的土壤很肥沃，一年计有三次收获；今天割了麦，明天便插秧，眼见黄金换成翡翠。这儿也许冷，但冷得不让结冰；也许吹风，但不准沙石飞扬；也许有尘埃，但不致污秽你的美容；这儿云多，云多是这儿的光彩——“锦屏云起易成霞”，所以南边的邻省叫做“云南”。

木芙蓉

“蜀先人肇自人皇”，在古时，就有人想到西方的“古天府”；但那时无路可通，“秦开蜀道置金牛”，才辟了一条“金牛道”。后来发现了西方有灵气，“大耳儿”据了芙蓉城南面称尊；至今少城内还遗存一座金銮宝殿，恍惚京师的太和殿一般尊严华丽。不久，又有一位风流皇帝在马嵬驿抛了爱妃，逃到“天回镇”：他望见那儿有一团异氛，忙命太子返旆兴师；自己却跑到芙蓉城乐享天年。如今改朝换代，还有人觉得那儿山川险峻，可攻可守：所以我们的国父戎机不顺时，想进去闭关休养；常胜将军“匹马单刀白帝城”，也逗留在那边疆上，一心想进驻蓉城。

芙蓉城对穿九里半，周绕四十里。

从孟昶开端，城上遍植芙蓉，硕美鲜艳。“二十四城芙蓉花，锦官自昔称繁华。”中央有少城，也有一座煤山。西南角石牛寺旁有块“支机石”，高与人齐，略带青紫，相传是织女的布机坠下人间；还有一块尖锐的“天涯石”，生在宝光寺，象征远行人的壮志。城中古迹要数文翁兴学的“石室”，君平算命的卜肆，扬雄的“子云亭”和他抄太玄经的洗墨池。

西郊外可寻访相如的古琴台，在市桥西岸，也就是文君当垆涤器的地方。北门外可望凤凰山，满山生着青蔚的梧桐。山旁有驷马桥，相如当日豪语道：“不乘高车驷马，不过此桥。”附近有昭觉寺，寺大僧多，古柏苍翠。明代的“和尚天子”曾在那儿选高僧辅佐诸王，可知名器的隆重了。

东关外有望江楼，不亚于黄鹤楼的举目空旷；前人有半边对子，缺少下联：“望江楼，望江流，望江楼上望江流，江楼千古，江流千古。”旁有一

草堂正门

口古井，每个名士、每个游人都要取点井水来品尝：因为多才多色的薛涛的香魂潜没在井中，所以这水就香艳名贵了。江上顶好玩的是端午的龙舟竞渡：名士，美人，观客，重重叠叠聚在江边；耳听火炮一响，龙舟鸣金击鼓奔向彩舫；忽然一只酒醉的水鸭从舫上飞下，群龙怎样奋勇也擒不住它。江水流到峨眉山麓，转变黑了，特产一种美味的墨鱼，相传是被东坡洗砚台染黑了的。

南郊不远就到武侯祠。祠内有几抱大的古柏，传说是孔明亲手植的，恍惚像孔林的枯桧。这老柏有些灵怪，不逢盛世，不发青枝。祠内竹林修茂，气象森威；先帝的衣冠坟像一个山头，横斜着楠木几本。正殿上有副匾联："三分割据纡筹策，万古云霄一羽毛。"殿旁古式的草亭里存放着空城计弹用的古弦琴，亭周题满了名句，还记得几字："问先生所弹何调，居然退却十万雄兵？"想司马氏见了，当如何懊恼。到如今依然祭祀隆重，时有过客瞻拜；庙宇重修，正梁是千里外运来的一根"乌木"。

南门口有一道长拱的石桥，很像颐和园的十七洞桥。"万里桥西一草堂"，逆流西上，行过很长的芦花小径，直通"草堂寺"。寺门很古雅，两旁题着"花径不曾缘客扫，蓬门今始为君开"，你见了也必心中荣幸，充满了无边的诗意。石砌上的苔痕，垣墙外的野草，虬干的古梅，清幽的竹径，都是杜公从前的诗料。堂前有一方很深的池塘，塘内养着许多鱼鳖，有的白鲤已长到"丈大丈长"。如果你抛下一块面饼，那些鱼会成团起来吞食，嘴皮伸到水面有茶碗样大，吞起东西来"通通"地响。一个暮春晚上，杜公在池畔吟诗未成，忽觉青蛙叫得烦腻，他用朱笔在蛙的头上点了一点，封它到十里外去唤"哥哥"：所以如今草堂寺的青蛙头上有一点红痣。逢到四月十九日"浣花节"，你可邀约良朋，泛舟到草堂，摆一台"浣花宴"，醉酒赋诗，极尽雅人雅事。

出寺不远就到百花潭，又叫浣花溪：水涯竹木丛生，天然幽韵；这溪水用来濯锦，格外鲜明，薛涛曾取这水制造十色笺。"百花潭水即沧浪"，后人因爱慕这名句，在溪边的柏林里年年春天举办"花朝会"。全省的花卉宝器都

繁华街景

送到那儿赛会，远近的人都爱到那儿观赏。城内的戏园、茶社、酒肆、商场和音乐、武艺、球戏等娱乐都移到花会去。天天有成千成万的游客观花玩景：会场内笑声与管弦合奏，美色与名花斗艳。妇女们更有别样的心事，进青羊宫道院去摸弄青羊，许下求嗣的心愿。你高兴可以到处游玩，有何首乌；有灵芝草；有江安的竹器，精巧玲珑；有峨眉山的“嵋尖”，清甜适口。倦了，你踏进酒家酌饮几杯，别忘了当垆的美人。

醉后，你醺醺地在十里花圃中息芳香，看美色，这艳福几生修到！

芙蓉，你的自然美妙，你的文艺精英，我还不曾描出万一。愿你永葆天真，永葆古趣，多发几片绿叶，多开几朵鲜花；别给楼高车快的文明将你污秽了，芙蓉！

罗念生（1904—1990）

中国翻译家，古希腊戏剧研究家，四川威远人。他翻译了许多古希腊戏剧和文艺理论著作，如索福克勒斯的《俄狄浦斯王》，亚里士多德的《诗学》《修辞学》等，编有《古希腊戏剧理论》《古希腊罗马文学作品选》，对介绍、研究古希腊戏剧做出了重要贡献 。

我的老家

◎巴 金

日本作家水上勉先生去年九月访问成都后，经上海回国。我在上海寓中接待他，他告诉我他到过我的老家，只看见一株枯树和空荡荡的庭院。他不知道那是什么树。他轻轻地抚摩着粗糙的树皮，想象过去发生过的事情。

…………

水上先生回国后不多久，日中文化交流协会给我寄来他那篇《寻访巴金故居》。读了他的文章，我仿佛回到了离开二十几年的故乡。他的眼睛替我看见了我所想知道的一切，也包括宽广的大街，整齐的高楼……

还有那株"没有一片叶"的枯树。在我的记忆里枯树是不存在的。过去门房或马房的小天井里并没有树，树可能是我走后人们才种上

巴金故居

的，我离家整整六十年了。几个月前我的兄弟出差到成都，抽空去看过“老家”，见到了两株大银杏树。他似乎认出了旧日的马房，但是不记得有那么两株银杏。我第二次住院前有人给我女儿送来一本新出版的浙江《富春江画报》，上面选刊了一些四川画家的油画，其中一幅是贺德华同志的《巴金故居》，出现在画面上的正是一株树叶黄落的老树。它不像是水上先生看见的“大腿粗细的枯树”，也可能是我兄弟看见的两棵银杏中间的一株。脑子里一点印象也没有，我无法判断。但是我多么想摸一下生长那样大树的泥土！我多么想抚摩水上先生抚摩过的粗糙、皴裂的树干……

…………

然而我还是要谈谈我的老家。

一九二三年五月我离开老家时，那里没有什么改变：门前台阶下一对大石缸，门口一条包铁皮的木门槛，两头各有一只石狮子，屋檐下一对红纸大灯笼，门墙上一副红底黑字的木对联“国恩家庆，人寿年丰”。我把这一切都写在小说《家》里面。《激流三部曲》中的高公馆就是照我的老家描绘的，连大门上两位“手执大刀，顶天立地的彩色门神”也是我们家原有的。大约在一九二四年我在南京的时候，成都城里修马路，我们家的大门应当朝里退进去若干，门面翻修的结果，石缸、石狮子、木对联等都没有了。关于新的门面我只看到一张不太清楚的照片，听说大门两旁还有商店，照片上却看不出来。

一九三一年我开始写《激流》，当初并没有大的计划。我想一点写一点，不知不觉地把高公馆写成我们家那个样子，而且是我看惯了的大门翻修以前的我们的家。从大门进去，走出门洞，下了天井；进二门，再过天井，上大厅，弯进拐门；又过内天井，上堂屋，进上房；顺着左边厢房走进过道，经过觉新的房门口，转进里面，一边是花园，一边是仆婢室和厨房，然后是克明的住房，顺着三房住房的窗下，走进一道小门，便是桂堂。竹林就在桂堂后面。这一切全是如实的描写。在小说里只有花园是出于我的编造和想象。我当时用我们那个老公馆做背景，并非有意替它宣传，只是因为自己没有精密计划，要是脑子里不留个模型，说不定写到后面就忘记前面；搞得前后矛盾，读者也莫名其妙。关于我们老家的花园，只有觉新窗外那一段“外门”的景物是真实的，从觉新写字台前望窗外就看得见那口井和井旁的松树。我们的花园并不大，其余的大部分，也就是从“内门”进去的那一部分，我也写在另一部小说《憩园》里了。所以我对最近访问过成都的日本朋友樋口进先生说：“您不用在成都寻访我的故居，您把《激流》里的住房同《憩园》里的花园拼在

巴金故居一角

一起，那就是我的老家。”

我离家以后过了十八年，第一次回到成都。一个傍晚，我走到那条熟悉的街，去找寻我幼年时期的脚迹。旧时的伴侣不知道全消失在什么地方。巍峨的门墙无情地立在我的面前。守门的卫兵用怀疑的眼光打量我。大门开了，白色照壁上现出一个圆形图案，图案中嵌着四个绛色篆文大字“长宜子孙”。这照壁还是十八年前的东西，我无法再看到别的什么了。据说这里是当时的保安处长刘兆藜的住宅，门墙上有两个大字“藜阁”。我几次走过“藜阁”门前，想起从前的事情，后来写了一篇散文《爱尔克的灯光》。那是一九四一年年初的事。

一九四二年我回成都治牙，住了三个月光景，不曾到过正通顺街。我想，以后不会再到那里去了。

新中国成立后一九五六年十二月我第三次回成都，听说我的老家正空着没有人住，有一天和李宗林同志闲谈起来，他当时还挂名成都市市长，他问我：“你要不要去看看？”我说：“看看也好。”过了一天他就坐车到招待所来约我同去正通顺街，我的一个侄女正在我那里聊天，也就一起去了。

还是“藜阁”那样的门面，大门内有彩色玻璃门，“长宜子孙”的照壁不见了。整个花园没有了。二门还在，大厅还在，中门还在，堂屋还在，上房还在，我大哥的住房还在，后面桂堂还在，还有两株桂树和一棵香椿，桂堂后面的竹林仿佛还是我离家时那个样子。然后我又从小门转出来，经过三姐住房的窗下，走出过道，顺着大哥房外的台阶，走到一间装玻璃窗的小屋子。在《激流》中玻璃小屋是不存在的。在我们老家本来没有这样的小屋。我还记得为了大哥结婚，我父亲把我们叫做“签押房”的左边厢房改装成三个房间，其中连接的两间门开在通入里院的过道上，给大哥住；还有一间离拐门很近，房门开向内天井，给三哥和我两个住。到了我离家的前两三年，大哥有了儿女，房子不够住，我们家又把中门内台阶上左右两块空地改装成两间有上下方格子玻璃窗的小屋，让我和三哥搬到左边的那间去，右边的一间就让它空着。小屋虽小，冬天还是相当冷，因为向内天井的一面是玻璃窗，对面就是中门的边门，窗有窗缝，门有门缝，还有一面紧靠花园。中门是面对堂屋的一道门，除中间一道正门外，还有左右两道边门。关于中门，小说《家》描写高老太爷做寿的场面中有这样的话："中门内正对着堂屋的那块地方，以门槛为界，布置了一个精致的戏台……门槛外大厅上用蓝布帷围出了一块地方，作演员们的化装间。"以后的玻璃小屋就在这"戏台"的左右两边。

我仿佛做了一场大梦。我居然回到了我十几岁时住过的小屋，我还记得深夜我在这里听见大厅上大哥摸索进轿子打碎玻璃，我绝望地拿起笔写一些愤怒的字句，捏紧拳头在桌上擦来擦去，我发誓要向封建制度报仇。好像大哥还在这里向我哭诉什么；好像祖父咳嗽着从右上房穿过堂屋走出来；好像我一位婶娘牵着孩子的手不停地咒骂着走进了上房；好像从什么地方又传来太太的打骂和丫头的哭叫……好像我花了十年时间写成的三本小说在我的眼前活了起来。

李宗林同志让同来的人给我拍摄了一些照片：我站在玻璃小屋的窗前，我从堂屋出来，我在祖父房间的窗下，等等。我同他们谈话，我穿过那些空荡荡的房间，我走过一个一个的天井，我仿佛还听见旧时代的声音，还看见旧时代的影子。天色暗淡起来，我没有在门房里停留，也不曾找到我少年时期常去的马房，我匆匆地离开了这个把梦和真、过去和现实混淆在一起的老家，我想，以后我还会再来。

（有删改）

巴金（1904—2005）

原名李尧棠，字芾甘，四川成都人，祖籍浙江嘉兴，现代文学家、出版家、翻译家。巴金是20世纪中国杰出的文学大师、中国当代文坛巨匠，著书颇丰，代表作有《家》《春》《秋》等。巴金被认为代表中国知识分子的良心，晚年曾提议建立中国现代文学馆。

五城记·成都

◎ 余秋雨

对整个中国版图来说，群山密布的西南躲藏着一个成都，真是一种大安慰。

我初次入川，是沿宝成铁路进去的。已经看了那么久的黄土高原，连眼神都已萎黄。山间偶尔看见一条便道，一间石屋，便会使精神陡然一震，但它们很快就消失了，永远是寸草不生的连峰，随着轰隆隆的车轮声缓缓后退，没完没了。也有险峻的山势，但落在一片灰黄的单色调中，怎么也显现不出来。造物主一定是打了一次长长的瞌睡，把调色板上的全部灰黄都倾倒在这里了。

开始有了隧洞，一个接一个，过洞时车轮的响声震耳欲聋，也不去管它，反正已张望了多少次，总也没有绿色的希望。

杜甫草堂

都江堰“宝瓶口”

但是，隧洞为什么这样多呢，刚刚冲出一个又立即窜进一个，数也数不清。终于感到，有这么隆重的前奏，总会有什么大事情要发生了。果然，不知是窜出了哪一个隧洞，全车厢一片欢呼：窗外，一派美景从天而降。满山绿草，清瀑飞溅，黄花灼眼，连山石都湿漉漉地布满青苔。车窗外成排的橘子树，碧绿衬着金黄，硕大的橘子，好像伸手便可摘得。土地黑油油的，房舍密集，人畜皆旺。造物主醒了，揉眼抱愧自己的失责，似要狠命地在这儿补上。

从此，我们一刻也不愿离开车窗，直至成都的来到。

有了一个成都作目的地，古代的旅行者可以安心地饱尝入川的千里之苦了。蜀道虽难，有成都在，再难也是风雅，连瘦弱文人也经受得了。

中华文明所有的一切，成都都不缺少。它远离东南，远离大海，很少耗散什么，只知紧紧汇聚，过着浓浓的日子，富足而安逸。那么多山岭卫护着它，它虽然也发生过各种冲撞，却没有卷入过铺盖九州的大灾荒，没有充当过赤地千里的大战场。只因它十分安全，就保留着世代不衰的幽默；只因它较少刺激，就永远有着麻辣的癖好；只因它有飞越崇山的渴望，就养育了一大批才思横溢的文学家。

成都是中国历史文化的丰盈偏仓。这里的话题甚多，因此有那么多茶馆，健谈的成都人为自己准备了品类繁多的小食，把它们与历史一起细细咀嚼品尝。

成都的名胜古迹，有很大一部分是外来游子的遗迹。成都人挺大方，把它们仔细保存，恭敬瞻仰。比之于重庆，成都的沉淀力强得多。正是这种沉淀力，又构建了它的稳健。重庆略嫌浮嚣。

重庆也有明显的长处，它的朝天门码头，虎虎地朝向长江，遥指大海，通体活气便在这种指向中回荡。沉静的成都是缺少这种指向的，古代的成都人在望江楼边洒泪揖别，解缆挥桨，不知要经过多少曲折，才能抵达无边的宽广。

成都的千古难题至今犹在：如何从深厚走向宽广？

成都、灌县、青城山纪游

◎ 袁昌英

天下最大名胜之一，伟大峻秀的峨眉，我去观光过两次，而至今未曾想到去写游记，这次去游了几处名声远逊的地方，倒要来写篇纪事，这岂不是滑天下之大稽！然而天下事固不必如此规规矩矩的。文章总依兴会而来。兴会不来，峨眉就是比喜马拉雅山还高还壮丽，怕也逗引不出我的文章。可两次峨眉的相遇，实也经验过不少可歌可泣的情趣。除了在几封与朋友的信里，略略说了，以外别无记载，如今只好让这些美妙的情绪，孤苦伶仃地消失于淡烟浅霞的记忆中罢了！

…………

那天天气很热，汽车后面的那卷偌大白尘，简直如水上飞机起升时尾巴上搅起的那派万马

岷江

奔腾的白泡沫一样，浩浩荡荡地尾随着，让路上行人的肺部太有点吃不消，使乘客的良心不免耿耿然。然而岷江两岸，一望无际的肥沃国土，经数十万同胞绣成的嫩绿田园，葱翠陇亩，万紫千红的树木，远山的蓝碧，近水的银漾，占据了乘客的视线，捉住了他的欢心，无暇顾及后面的灰云滚滚与行人的纠葛了。

眉山公园

到了三苏的发源地：眉山县，就在原为东坡祠，现改为公园的绿荫深处度过了正午的酷暑。“四川伟大”一言，是不错的。任你走到哪个小市镇，你总看见一个像样的公园，一座像样的中山堂。眉山的公园，也许因为它是三苏父子祠堂所在之处，也就来得特别宽敞，清幽而洁净。浸在优美的环境里面，而又得沱茶与花茶的刺激，谈笑也就来得异常的热闹了。一餐清爽的午饭后，吐着灰云的汽车把我们一直送到成都。

到了成都的第二天，我的两个目的都赶着完成了。眼镜配了光之后，朋友早就来到旅社找我们了。四年不见面的少年朋友竟还是原来面目，短短旗袍，直直头发，活活跳跳的人儿，连昔日淡抹脂粉的习惯也都革除了。可是又黑又大又圆的眼睛上面，戴上了一副散光眼镜，表示四年留英在实验室内所耗费的时光有点过分的事实。她的母亲周夫人特由重庆来尝尝老太太的味儿，这回显得特别的年轻了，仿佛完全忘记了战争所给予她的一切苦痛与损失，似乎女儿得了博士、做了教授的事实，改变了她的人生观，潇洒达观是她的现在。

…………

十七号早上，天霁了。大家欢欢喜喜束装上青城山。八乘滑竿，连人带行李，熙熙攘攘，颇是个有声有色的小小军队。一路上，天气清丽，阳光温而不灼，歪在滑竿上，伴着它的有节奏的动摇，默然收尽田野之绿，远山之碧，逶迤河流的银辉，实令人有忘乎形骸的羁绊、而与天地共欣荣的杳然之感。中途过了两渡河。也许是因为水流过急的关系吧，渡船驶行之法，颇不普通。横在河上，有一根粗如拳的竹绳，系在两岸的木桩或石蹬上。另有一粗竹绳，系于船尾，他端则以巨环套在横绳上。于是船上只须一人掌舵，任东任西，

来去十分自如地渡过。如此，不特船本身不受急流冲跑，即人工亦减少过半。我常觉得四川人特别聪明，好像无论遇着什么环境都应付裕如的。

青城山远不及峨眉之大之高之峻拔之雄奇。然而秀色如长虹般泛滥于半空，清幽迎面而来，大有引人直入琼瑶胜境之概。至于寺宇之经营，林园之布置，其清雅则又非一般寺院可比。小小亭榭，以剥去粗皮的小树造成，四角系以短木，象征灯笼，顶上插以树根象征鸟止，完全表现东方艺术的特色。我们在这里觉得造物已经画好一条生气蓬勃的龙，有趣的诗人恰好点上了睛，就是一条蜒蜒活跃的龙，飞入游人的性灵深处，使他浑然与之同乐了。东方的园林艺术是与自然界合作的,是用种种极简单而又极相称的方法,来烘托出宇宙的美,山林的诗意，水泽的微情的。西方的山水常有令人感觉天然与人意格格不相入，人意硬夺天工的毛病。西方的山水，很是受"征服自然"的学说的影响，因而吃亏不少。

天师洞的腊味、泡菜、绿酒，非常可口。逛山水，住寺观，而能茹荤饮酒，那是峨眉山上所不可得，而是道家特别体贴人情的地方。晚饭后，山高风厉，寒气不免袭人。我们八个同伴于是又令人焚起熊熊的炭盆，一面剥着落花生，嚼着油炸豆腐干，一面大摆龙门阵（四川人称谈天为摆龙门阵）来。主要的题目是相法。苏先生对于相法颇有研究。相法的故事又多又妙，可惜不能一一记得清楚了。只记得某人的鼻子生得奇紧，连风都吹不进去，所以他的为人非常犹太。据相法而论，我的一生好处都生在鼻子上，但是我的手，指缝生得太松疏，任如何合紧，也是一个个的空洞，照见白光的。所以我的鼻子赚来的钱，全由两手的指缝里漏出去了！难怪十年一觉粉笔梦，赢得两袖尽清风！命也如斯，其何言哉！可是笑声送入的梦来得异样甘香，一夜清洁温暖的睡眠，把前两夜坦克车苦战所耗费的精神都完全恢复过来了。

十八日为得要赶回成都的缘故，一清早就带着滑竿赶上上清宫。中途经过朝阳洞，洞只是一个宽而不深的大岩窖，里面摆着几座菩萨，朝下可以收览很远的田野，清晨可以看日升的名胜而已。可是靠山的绿荫里面有一栋小小的别墅，蓝窗红门，上有瓦顶，下有地板，倒是十分有趣，很有点像枫丹白露宫的皇后农庄，可谓贵而不骄，朴实而风雅的人间住宅了。

青城后山

到了上清宫，满以为可以一瞻名画家张大千先生的风采，藉此可以在他的笔里见到青城山更深一层的神韵。不幸他下山了。只得用自己的俗眼，去欣赏一番青城山的全景，另外买了一张大千名笔的照相，聊以慰情而已。画为平坡上一棵大树，树下迎风立住一诗人。画名题字云：“人洁心无欲，树凉秋有声，高天日将暮，搔首动吟情。”张先生也买了一张非常秀美的观音图送他的夫人，因为他的夫人信奉佛法。

由青城山岭乘滑竿一直回到灌县，为时不过一二个钟头。在路上是同样舒服而静穆。在灌县与刘先生一家会齐了，在公园里用了午餐之后，我们回成都。

（有删改）

袁昌英（1894—1973）

作家，学者，著有《山居散墨》《行年四十》等散文集，《法兰西文学》等论著，《饮马长城窟》等剧本。

【今作】

芙蓉和银杏的城市——成都

◎沧　溟

成都自古水网密布、江桥众多，树木葱茏、繁花似锦。到了五代，“孟蜀后主（孟昶）于成都城上，尽种芙蓉，每到深秋，四十里为锦，高下相照，因名锦城。”（宋人《成都古今集记》）从此成都就有了“芙蓉城”和“锦城”的美誉。而一个“锦”字，不仅描绘了她的美丽，也浓缩了她的富饶。“晓看红湿处，花重锦官城”是杜甫在春夜细雨时的想象。早在三国蜀汉时成都就设置锦官城，以集中织锦工匠、管理织锦而得名。不过，成都最早的名字叫“龟化城”。在鲁迅称为“一部半真半假的书”——《搜神记》中，干宝记述了这样一个神话：秦惠王二十七年，派张仪筑成都城，可是屡筑屡颓；忽然有大龟浮于江，到城东南角就死

水网密布的成都

了。张仪去问巫，巫回答说："依龟筑之。"这一次果然筑成了。因此，成都又名"龟化城"。这就是最早的成都吗？按李白的说法，传说古蜀国还有两位国王分别叫蚕丛和鱼凫。直到秦惠王时，要送五名女子入川来拉拢蜀王，才修建了一条难于上青天的蜀道，把成都和中原联系了起来。

银杏树

于是，这个位于四川盆地底部的成都平原，成了文人墨客施展才智的大舞台。穿过时空的隧道，风流的司马相如携手痴情的卓文君向我们走来。一个是才高八斗的辞赋大家，一个是美艳惊人的靓丽佳人。以司马相如弹唱那首著名的《凤求凰》开端，引出了"文君夜奔"的佳话，演出了历史上第一部爱情传奇。直到唐代，李商隐还不忘"美酒成都堪送老，当垆仍是卓文君"。这时的成都，可以说是诗人云集的时代。杜甫的"锦城丝管日纷纷，半入江风半入云"（《赠花卿》）写尽她的繁华，白居易的"蜀江水碧蜀山青"（《长恨歌》）描绘出她素雅中的艳丽。到了宋代，陆游从老家会稽来到这里，"成都海棠十万株，繁华盛丽天下无"（《成都行》）让他欣喜不已，听说"客报城西有园卖"，便"老夫白首欲忘归"（《成都书事》）了。这个文化传统，延续到今天的文坛泰斗巴金。而在他之前，成都还出了一位专写辛亥革命前后成都生活的作家李劼人。他不仅是借鉴西方自然主义创作方法的第一人，还是最有成就的实践者。作家沙汀和艾芜也来自成都这座城市。

成都又是民间文化形式最多、保存最好、影响最深的城市。起源于清代雍正、乾隆年间的川戏现已流传到整个西南，此外，成都还有独有的曲艺形式，如四川评书、四川竹琴、四川清音、成都扬琴、金钱板和四川谐剧等。这些民间文化和成都特别发达的茶馆文化结合着。人们戏说成都是泡在茶碗中的城市，"自秦取蜀而后，始有茗饮之事"。从清晨的早茶，直到深夜的夜宵，成都的茶馆、茶楼把休闲生活调适到了极致。成都的市民很会养身养心，就像这个城市的市树——银杏一样，既使人精神焕发，又使人保健延年。

成都，这个芙蓉与银杏的城市，真是一个谁来了都不愿离开的魅力之都。

泪雨草堂

◎ 吴楚人

我去杜甫草堂又赶上个细雨霏霏的天气。在这样的霏霏细雨中，即使是走在成都的大街上，也很易走进杜诗的意境，而我竟在杜甫当年“不曾缘客扫”的花径上漫步走向草堂，因此，在我的眼里，那从竹叶间、花朵上点点滴落的雨水，仿佛是从唐朝滴落到今天，那“感时花溅泪”的名句，便也是这样滴成的。总之，这一切正是杜诗的境界，这一切又正适合杜甫灵魂的安眠。世人真该感谢杜甫当年能将草堂结在成都，因为成都常下这样的小雨。

走完了花径，草堂的“蓬门”今天也为我敞开。我在门边斗大的“草堂”二字下留了个影，便凭着一张门票走了进去。

今天的“草堂”已名不副实，它是三进砖

木结构、雕窗朱栏的祠宇式建筑，正门朝南，曾泊东吴万里船的浣花溪从门外流过。

走过第一进“诗史堂”、第二进“柴门”，便到了第三进“工部祠”。那里供奉着杜甫的塑像，陪祀两旁的是陆游和黄庭坚塑像。工部祠一侧的山墙旁，有一座草亭，草亭里有一块大书“少陵草堂”的石碑，本想在那儿照张相，但最终也只匆匆看了一眼，因为那儿的游人比其他地方更多。我知道，他们中大部分人来这儿只是出于好奇。他们一边嚼着口香糖，一边吵吵嚷嚷，吵得我头脑中除了淅淅沥沥的细雨，竟对什么也没留下深刻的印象。

我是江南雨淋大的江南人，我的人生中并不缺乏细雨，我不远千里赶到成都，赶到草堂，没想到唯一感受到的只是这草堂的细雨，莫非这霏霏的细雨昭示着什么！我走进了草堂的茶园，要了杯我并不惯喝的花茶坐了下来，心中反复吟诵起那首熟悉的《春夜喜雨》。这首诗是我平生所读的第一首杜诗，或许这也是某种人生的巧合。

那年我大概九岁，教我读这首诗的是我的一位邻居大爷。他识字不多，但会说一些三国故事之类，有时说得高兴，他还会背几句古诗，唱一段京戏。因此我平时很爱去他那儿玩，但大人们却给他起了绰号叫“疯子”，我也便叫他“疯大爷”。一个春天的午后，我一个人在家正望着门前从房檐上不停滴落的雨水发呆，疯大爷把我叫去，说要教我一首诗，于是我便跟他一句句念了起来：“好雨知时节，当春乃发生……”好几年后我才知道那是杜甫的诗。那时我已离开故乡进城求学了。从此便很少回故乡，疯大爷也便很少见面。我也一直不知道他那天怎么想起来要教我念这首诗，只记得他那天是生病在家，但好像很高兴。如今，我长住在江南的一座城市里，小雨还是常下的，但我关心的似乎只是“留得残荷听雨声”的苍凉，至于这雨是否是让疯大爷般的农民高兴的“好雨”，它下得是否“知时节”，似乎已与我无关，我自然也不去关心。今天，我忽然在离家千里之外的草堂又想到这些，又起想了已是耄耋之年的疯大爷，这都是因为草堂，也因为草堂的细雨，更因为杜甫。

雨，是诗人们都喜爱的，几乎没有哪一位诗人不曾写过雨，但绝无一位诗人像杜甫那样为雨歌笑歌哭。他笔下的雨，不像有些诗人笔下的那样，或是为了营造一种朦朦胧胧的意境，或是为了唤起一段湿湿漉漉的情感，或是为了引出一番缠缠绵绵的夜话，他是用心呼唤着雨，挚爱着雨。“鸡鸣风雨交，久旱雨亦好”“皇天久不雨，既雨晴亦佳”，有哪位诗人像这样关心着天气的阴晴，关心着雨！他“茅屋为秋风所破”，即使“床头屋漏无干处，雨脚如麻未断绝”，发出的呼唤也是“安得广厦千万间，大庇天下寒士俱欢颜，风

雨不动安如山……吾庐独破受冻死亦足”。什么“少年听雨歌楼上，红烛昏罗帐”的优雅，什么“壮年听雨客舟中，江阔云低”的惆怅，什么“白头听雨僧庐下”的凄凉，与杜诗的境界相比，多么狭隘，多么渺小，多么与世隔绝，多么不近人情啊！杜甫草堂的霏霏细雨，可是杜甫不死的灵魂？

其实，我对杜甫及其草堂是曾有过腹诽的，这起于我十多年前曾读过的一本书。那书上说，杜甫草堂是一座冬暖夏凉的乡间别墅，因为它盖了“三重茅”，而老百姓的草屋一般只盖一重。那本书的作者是位大学者，又是四川籍的，我不能不信。后来，那本书被学术界公认为是泼向杜甫头上的污水，我也读了中文系，对杜甫这位诗圣的感情始有所变化。但我那时常难以容忍杜诗中几乎泛滥的眼泪：失意时“凭轩涕泗流”情有可原，但高兴时竟也动不动“涕泪满衣裳”，这实在是有失男子汉风度。看人家李白，得意时“仰天大笑出门去”，失意时“且放白鹿青崖间”，多么潇洒！再后来，自己经历的事情多了，年岁也一年大于一年，再读读杜诗竟读出一点别样的感觉。有一次，我在课上给学生讲解那首《旅夜书怀》，当我讲完“飘飘何所似，天地一沙鸥”时，眼睛竟有些湿润，而这首诗中杜甫并没有流泪。从此，我似乎就容忍了杜甫的流泪，觉得他在那样的时代，又摊给他国破家亡，他除了流泪又能怎样呢？“无情未必真豪杰”，那么“流泪又何不丈夫”！今天，我不远千里来到成都，除了要到武侯祠去看看诸葛亮，就是要到草堂看看杜甫，看看这位爱流眼泪的瘦削的诗人。

霏霏的细雨仍然在下，我走出了草堂，走到宽阔的马路上。我没带伞，雨水落到我的脸上，柔柔的，凉凉的，我伸手在脸上抹了抹，手上沾满了水，也沾满了冰凉。我不知道那除了雨水可有我的泪水，我更不知道这雨水是否是杜甫的泪水化成，他是否在冥冥的上苍为我曾经的无知而流泪……

锦江春色来天地

都江堰

【图说】

都江堰，既是今天兴起的一座城市的名字，也是古代留下的一座水利工程的名字。

都江堰市原名灌县，地处四川省成都市城西，因著名的都江堰水利工程在其境内而得名。都江堰是中国国家级历史文化名城之一，以拥有都江堰和青城山而闻名于世。

都江堰是中国古代建设并使用至今的大型水利工程，被誉为“世界水利文化的鼻祖”。通常认为，都江堰水利工程是由秦国蜀郡太守李冰及其子率众于公元前 256 年左右修建的，是全世界迄今为止，年代最久、唯一留存、以无坝引水为特征的宏大水利工程。

青城山为中国道教发源地之一，属道教名山，位于都江堰西南，主峰老霄顶，在四川名山中与剑门之险、峨眉之秀、夔门之雄齐名，有“青城天下幽”之美誉。2000 年，青城山与都江堰共同作为一项世界文化遗产被列入世界遗产名录。

【走读】

震后百日访都江堰

◎ 清流石

8月23日，距离汶川大地震过去103天。一百多天可以改变很多，比如成都已经从余震的惶恐中彻底摆脱出来了。那天青川发生6.4级余震，办公室居然没有一个人跑，同事笑着说，“现在我们的消费水平已经提高了，6.4就往外跑有点丢脸了。”是的，“因为有你，成都更美好”，那些汽车玻璃上贴着的“进入正常生活”些许能让我们想起一百多天前我们的惊慌、胆怯和卑微。一百多天过去了，热闹的奥运在继续，都江堰呢？再远一点的灾区呢？他们是否真的和我们一样坐在电视机前享受奥运呢？

很偶然地，说不出更多的缘由，我们驾车去了都江堰。

都江堰放水节

车行在成灌高速上（都江堰市以前称“灌县”，故得名），我总觉得冷清。其实我走这条路的次数不多，走的时候也多是周末或者假期，每次都是车流如织。而今天的感觉明显不一样，冷清，有一种大戏散尽之后的感觉，耳边依稀萦绕着曲调和喧嚣，定一定神才知道自己是孤零零一个人，夜色清凉如秋水。

都江堰

以前每次来都江堰，我都会被清新的空气所陶醉，我喜欢这里古色古香的建筑，喜欢道路两旁笔直的杉木，当然我也喜欢这里的宁静祥和。但是这次，还未进城区便看到漫天的灰尘，短短的一段路上接着就有多个道路修补的围栏，而道路两边的工地也随处可见，重型卡车穿梭不止，我不由得将车窗关上。

俯瞰都江堰

也不知怎么的，我们直接进入了幸福大道。以往来都江堰多次，我从来不曾到过这条大道。我印象中的都江堰是一个古典传统的小城，但幸福大道让我吃了一惊：宽阔笔直的大街，两旁现代豪华大气的建筑，而这些建筑大多都挂着政府的牌子。在某些人看来也许这条大街才可以代表都江堰的现在，我想这也可能是为什么把这条大街选作火炬传递路线的原因吧。可是在我看来，这条街上看不到半点都江堰的影子，都江堰的清秀俊朗不在这里，都江堰的美应该在水里、在山上、在婉约的建筑中、在平和自足的人民脸上，而这条街更像长安街——不是聚源镇的长安街，是北京的长安街。

内子、朱朱和豆豆曾在都江堰读过两年书，她们说要回学校去看看。我们穿街过巷，看到许多建筑都在地震中受到不同程度的损伤，很大一部分都被标注了“危险”并被隔离起来，不过倒塌的房屋我们见得倒是不多，让我惊奇的是市区一个像碑一样高耸的四方形建筑居然看不到丝毫的损伤。街道

都江堰市区

随处可见帐篷和板房，人们在这里交易着买卖，看上去都江堰像一个集市，很大，却不热闹。

本来穿过一条小巷就是内子她们的学校，现在穿过小巷后正在扩展路面，水泥路已经修好半边，从遗漏的地板砖和屋基来看，以前这里是居民的住房。在学校对面我们第一次看到了地震中倒塌的房屋，很奇怪，整幢楼没有完全倒，只是楼的一半顺着墙壁坍塌下来。我们站在路上，看着剩下的那半墙上的画还在，椅子还在，吊灯还在，那么安静地待在那儿。真的不能想象地震发生的那一刻，站在灯下的人们感受着地动山摇、看着面前的楼板垮下家什掉落会是如何地惊慌和恐惧。

一进校门便看到一排板房，但里面空空荡荡什么都没有。除了食堂和水塔，学校的其他建筑都没有倒塌，但墙上的裂纹和错位还是很明显。不过时间已经过去这么久了，人们也逐渐从地震的恐惧中恢复过来了，我就看到几家人就在贴有“危险”的教学楼的走廊下做饭。内子以前读书的教学楼也基本完好，站在楼下可以看到四楼教室里墙上挂的电视还稳稳当当，学生宿舍的窗户下还挂着当时的被单和衣服，让人意外的是教学楼前的两棵大脐柑树上挂满了饱满圆润的脐柑。

她们几个在猜测以前读书的时候怎么就没有见过这样繁盛的脐柑呢。是不是开学前已经被老师打来吃了？现在距离开学也就十来天的时间了，可校园里丝毫看不到开学的气象，这脐柑也终于逮住机会繁盛了一把。脐柑繁盛了，可学校呢？学生呢？内子说，现在走在都江堰，内心很沉重，有一种负罪感。我也一样。

青城山

从学校出来，朱朱说时间还早，咱们去青城山看看吧。

如果说都江堰市是成都的后花园的话，那青城山就是那园子里的亭台水榭，道不尽清幽舒适。我最近一次去青城山是去年八月。那次我们很晚才到，但是一进景区大门，路两边的店家灯火明亮，门口摆好了干卤杂食，诱惑着我们的胃，我们快速安顿好就坐下大快朵颐。夜晚的青城山越发清幽，朦胧的灯光下不时有三三两两的行人，有的是游客，有的一看就是家人，但无一例外，脚步都是轻松的，连说话也是轻轻的，正好和了“青城天下幽”的美名。倒是我们这帮人，大碗喝酒大块吃肉，显得异常喧闹。

青城山是成都人喜爱的避暑胜地，对于工作着的年轻人，青城山是周末的绝佳去处；对于退休的老人，青城山更是他们的钟爱，要么在此购房置业安享晚年，要么趁着天热来此找一农家小院，住上三两个月，每日品山茶吃农家饭，茶余饭后要么邀约打麻将要么携老伴到山里逛逛，享受林间的细碎阳光。可是现在，进了景区，大门两旁的店门紧闭，瓦砾满地，有一家倒塌的房屋也清理干净了，被围上了彩条布。路上几乎看不到行人，我们径直往青城山门走去。

青城山一角

记得去年开完会我陪外地的同事去登山，山门前到处都是车，几乎就没有落脚的地方。现在山门正在维修，停车场门口挂着“免费停车”的牌子，可仍不见有几辆车。我们还未下车便有卖玉米和盆景的农民上来向我们兜售，虽然我们已经回绝了，可他们还是紧跟着我们，这是以往所不曾见到的。

朱朱极喜欢来青城山登山，她办了年票，周末有机会就会来。对于久居城市的人来说，青城山真可谓天赐福地。山势并不陡峭，两三个小时就可以到山顶。朱朱他们有的时候早上八点从成都出发，登山完了吃过饭，下午一两点钟就可以返回了。青城山的引人入胜并不仅仅在于山势，还在于它的清新幽静和宗教文化。青城山林木葱郁，一过山门便感觉清新空气扑面而来，不由你不深吸一口气，想着赶紧吐故纳新将浊气排尽。青城山是道教名山，道观众多，当然，名人的楹联字画石刻也是很多的，有幸的话还可以听到道家音乐。记得有一次我去青城山，远远地便听到丝竹之声飘飘洒洒过来，仿佛三月夜里的细雨，将心浸得湿润而饱满。那一次我呆呆地站在路边听了一

青城山上清宫

下午，现在想来仍是不绝于耳。

山门维修处有三两个工作人员，或半躺在椅子上，或蹲在地上，姿态不一。我们上前打听青城山何时能开放、现在能不能进去。那些人告诉我们开放要到九月了，现在不能进去。我们看着有人从山里出来便问怎么回事，那些人便不耐烦了，直言道“我只管进不管出”，说完便不再理我们。回到停车场，刚才追着我们卖李子的一位大嫂骂骂咧咧地说着粗话，大意是说已经和客人说好价钱正要称的时候，旁边另外一位小贩过来杀价并抢去了生意。看来那位大嫂很生气，抓了一把李子给旁边另外一位相熟的人，然后又捡了一颗在衣服上擦了擦便塞进嘴里，忿忿地说：“管他的哟，只要有人问，我便宜了全给卖了。”后来她果真以半价全部卖了。

从青城山门出来已是六点过，我们说去“李煮血”看看。“李煮血”是青城山脚下一个小饭店，以做血旺闻名，好多成都人特意开着车来品尝，从青城山登山回来的人一般也会到这里来吃一顿再回家。“李煮血”本来有前后两个店，在地震中前店受了损伤，内墙明显错位不能再开了，不过后店基本无损，“李煮血”打出横幅“后店正在营业”。旁边小巷里已经停满了车，后店的人不如往常那么多，不过和往常一样因为来得晚了些，血旺已经卖完了。“李煮血”的环境和味道永远都是那么好，而且价格公道，我们四个大人一个小孩总共花了不到一百块钱。

从“李煮血”出来已是夜幕低垂，我们打算再去都江堰城区看看。

都江堰的夜晚

横跨在都江堰水利工程内江上的南桥是一座风雨廊桥，中国古典斗拱式建筑，宏大宽阔，桥上常有人倚着栏杆或是坐在廊桥下欣赏都江堰的风景或者品尝小吃。桥下江水日夜不息，桥上风景不断，南桥这一片也成为市民游客喝茶聊天休闲的好去处。内子最喜在南桥上喝茶，有几次我打电话问她在哪儿，她都说在南桥，“刚刚啃完兔头，正喝茶聊天呢”。我也去过几次，每次去的时候人都很多，要找个空座都不是件容易的事。

从“李煮血”出来，过了桥便进了都江堰市区。

我从未经历过如此寂静的夜晚。以前小时候在农村，虽然没有电灯，但是月色很亮，细细地洒在院坝里，有的时候甚至可以在沙地上写字，而这时蛐蛐声从田间地头传来，生活一下子便多了许多乐趣。可是这样的夜晚，没有月光，也没有蛐蛐，通向南桥的几条街上街灯没亮，两边的楼房也是黑黢黢的，如死亡一般寂静。

南桥还在维修，搭着脚手架，当然也没有灯。倒是小侄女阳阳挺聪明，忙着找我们要手机，她说手机的光可以用来照路。果然，对面过来几个人，也是用手机的光亮照路。

靠近离堆公园这边的河边店铺鳞次栉比，是游客喝夜啤酒的最佳去处，而河对岸则更多的是茶楼，我们就在那边喝了好多次茶。河这边的店铺还在，灯火也算明亮，可门前冷落车马稀。而河对面往日千金难求一座的场面不复

都江堰南桥

存在，远远地望见唯有一家店面还在营业，冷冷清清。我们走了过去，老板很是热情地为我们搬桌椅沏茶。想着往日与来时路上所闻所见，我们不禁有许多感慨。旁边内江的水不停息地往下流去。

没过一会儿住在都江堰的朋友来了，看上去比上次在成都时要精神多了。“肯定是累，”朋友坦言，“但有什么法子呢？生活还要继续啊。”而两个月前朋友还说他连想死的心都有了。就像我们无法想象都江堰的夜晚一样，我们也想象不到灾区人民的生活。我们谈起来时路上的黑暗，朋友说那条路叫作“太平路”。我一下子想起聚源镇的长安街来，太平路，长安街，这世上真的太平长安吗？我说那黑暗让我想起了地狱，朋友说现在已经好多了，地震发生后的那两天，全城停电停水，不是骄阳暴晒便是大雨滂沱，倒塌的房屋，惨死的孩子，悲痛的家长……恐怕地狱也没有这样惨烈。

我们在河边谈了很多，

南桥夜景

其中一个情节我永远也忘记不了。六月一日上午，在地震中失去孩子的家长带着花圈和礼物来到新建小学废墟上为孩子们过节。下午，那些花圈和礼物却被一伙身份不明的人拖走。我之所以对这个情节记忆深刻，还与我最近读到摩罗的一段文字有关。这段文字是这样的：

“也许在任何时代都是这样的：强者极尽所能攫取权力和财富，弱者千方百计寻找神灵和信仰。也许这两者都是歪门邪道，因为理想的状态是每个社会成员都同时拥有财富和信仰。但是，如果一个社会在剥夺了弱者的财富之后，还要剥夺弱者的神灵和信仰，这不但对弱者太不公正，还会影响到整个社会赖以维持基本平衡的基础……”

【胜迹】

游览建议路线

伏龙观 宝瓶口 鱼嘴 二王庙

都江堰及周边名胜分布示意图

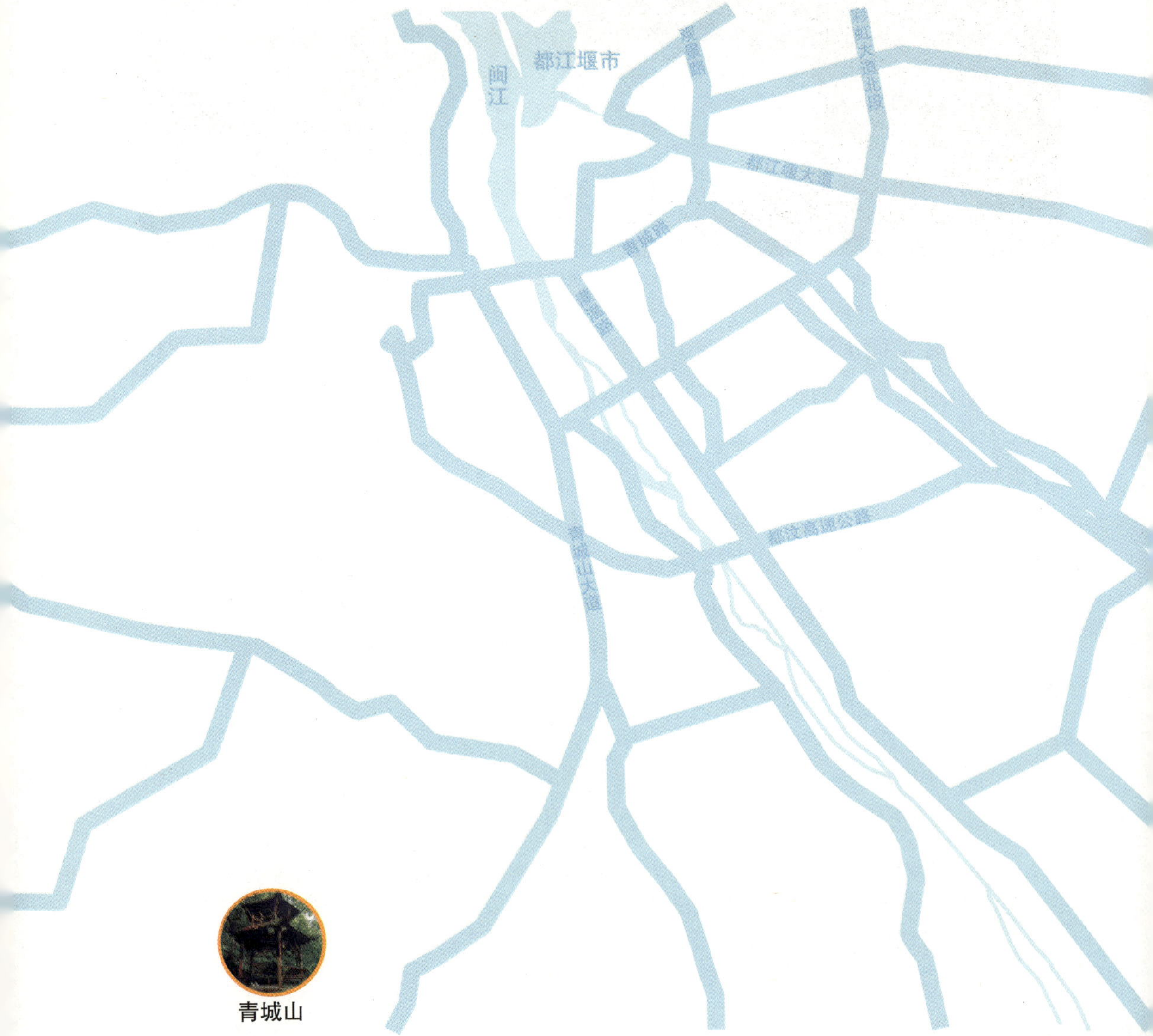

杜甫像

阆州东楼筵，奉送十一舅往青城县，得昏字

【唐】杜　甫

曾城有高楼，制古丹雘存。
迢迢百馀尺，豁达开四门。
虽有车马客，而无人世喧。
游目俯大江，列筵慰别魂。
是时秋冬交，节往颜色昏。
天寒鸟兽休，霜露在草根。
今我送舅氏，万感集清尊。
岂伊山川间，回首盗贼繁。
高贤意不暇，王命久崩奔。
临风欲恸哭，声出已复吞。

丈人山

【唐】杜　甫

自为青城客，不唾青城地。
为爱丈人山，丹梯近幽意。
丈人祠西佳气浓，缘云拟住最高峰。
扫除白发黄精在，君看他时冰雪容。

登　楼

【唐】杜　甫

花近高楼伤客心，万方多难此登临。
锦江春色来天地，玉垒浮云变古今。
北极朝廷终不改，西山寇盗莫相侵。
可怜后主还祠庙，日暮聊为梁甫吟。

【名篇】

都江堰

◎ 余秋雨

一

我以为，中国历史上最激动人心的工程不是长城，而是都江堰。

长城当然也非常伟大，不管孟姜女们如何痛哭流涕，站远了看，这个苦难的民族竟用人力在野山荒漠间修了一条万里屏障，为我们生存的星球留下了一种人类意志力的骄傲。长城到了八达岭一带已经没有什么味道，而在甘肃、陕西、山西、内蒙古一带，劲厉的寒风在时断时续的颓壁残垣间呼啸，淡淡的夕照、荒凉的旷野溶成一气，让人全身心地投入对历史、对岁月、对民族的巨大惊悸，感觉就深厚得多了。

但是，就在秦始皇下令修长城的数十年

都江堰大坝

宝瓶口

前，四川平原上已经完成了一个了不起的工程。它的规模从表面上看远不如长城宏大，却注定要稳稳当当地造福千年。如果说，长城占据了辽阔的空间，那么，它却实实在在地占据了邈远的时间。长城的社会功用早已废弛，都江堰至今仍在为无数民众输送汩汩清流。有了它，旱涝无常的四川平原成了天府之国，每当我们民族有了重大灾难，天府之国总是沉着地提供庇护和濡养。因此，可以毫不夸张地说，它永久性地灌溉了中华民族。有了它，才有诸葛亮、刘备的雄才大略，才有李白、杜甫、陆游的川行华章。说得近一点，有了它，抗日战争中的中国才有一个比较安定的后方。

它的水流不像万里长城那样突兀在外，而是细细浸润、节节延伸，延伸的距离并不比长城短。长城的文明是一种僵硬的雕塑，它的文明是一种灵动的生活。长城摆出一副老资格等待人们的修缮，它却卑处一隅，像一位绝不炫耀、毫无所求的乡间母亲，只知贡献。一查履历，长城还是它的后辈。

它，就是都江堰。

二

我去都江堰之前，以为它只是一个水利工程罢了，不会有太大的游观价值。连葛洲坝都看过了，它还能怎么样？只是要去青城山玩，得路过灌县县城，

都江堰一角

它就在近旁，就乘便看一眼吧。因此，在灌县下车，心绪懒懒的，脚步散散的，在街上胡逛，一心只想看青城山。

七转八弯，从简朴的街市走进了一个草木茂盛的所在。脸面渐觉滋润，眼前愈显清朗，也没有谁指路，只向更滋润、更清朗的去处走。忽然，天地间开始有些异常，一种隐隐然的骚动，一种还不太响却一定是非常响的声音，充斥周际。如地震前兆，如海啸将临，如山崩即至，浑身起一种莫名的紧张，又紧张得急于趋附。不知是自己走去的还是被它吸去的，终于陡然一惊，我已站在伏龙观前，眼前，急流浩荡，大地震颤。

即便是站在海边礁石上，也没有像这里强烈地领受到水的魅力。海水是雍容大度的聚会，聚会得太多太深，茫茫一片，让人忘记它是切切实实的水，可掬可捧的水。这里的水却不同，要说多也不算太多，但股股叠叠都精神焕发，合在一起比赛着飞奔的力量，踊跃着喧嚣的生命。这种比赛又极有规矩，奔着奔着，遇到江心的分水堤，刷地一下裁割为二，直窜出去，两股水分别撞到了一道坚坝，立即乖乖地转身改向，再在另一道坚坝上撞一下，于是又根据筑坝者的指令来一番调整……也许水流对自己的驯顺有点恼怒了，突然撒起野来，猛地翻卷咆哮，但越是这样越是显现出一种更壮丽的驯顺。已经咆哮到让人心魄俱夺，也没有一滴水溅错了方位。

阴气森森间，延续着一场千年的收伏战。水在这里吃够了苦头也出足了风头，就像一场千年的收伏战。就像一大拨翻越各种障碍的马拉松健儿，把最强悍的生命付之于规整，付之于企盼，付之于众目睽睽。看云看雾看日出各有胜地，要看水，万不可忘了都江堰。

三

这一切，首先要归功于遥远得看不出面影的李冰。

四川有幸,公元前251年出现过一项毫不惹人注目的任命:李冰任蜀郡守。

此后中国千年官场的惯例，是把一批批有所执持的学者遴选为无所专攻的官僚，而李冰，却因官位而成了一名实践科学家。这里明显地出现了两种判然不同的政治走向，在李冰看来，政治的含义是浚理，是消灾，是滋润，是濡养，它要实施的事儿，既具体又质朴。他领受了一个连孩童都能领悟的简单道理：既然四川最大的困扰是旱涝，那么四川的统治者必须成为水利学家。

前不久我曾接到一位极有作为的市长的名片，上面的头衔只印了“土木工程师”，我立即追想到了李冰。

没有证据可以说明李冰的政治才能，但因有过他，中国也就有过了一种冰清玉洁的政治纲领。

他是郡守，手握一把长锸，站在滔滔的江边，完成了一个“守”字的原始造型。那把长锸，千年来始终与金杖玉玺、铁戟钢锤反复辩论。他失败了，终究又胜利了。

他开始叫人绘制水系图谱。这图谱，可与今天的裁军数据、登月线路遥相呼应。

他当然没有在哪里学过水利。但是，以使命为学校，死钻几载，他总结出治水三字经“深淘滩，低作堰”、八字真言“遇湾截角，逢正抽心”，直到20世纪仍是水利工程的圭臬。他的这点学问，永远水汽淋漓，而后于他不知多少年的厚厚典籍，却早已风干,松脆得无法翻阅。

他没有料到，他治水的韬略很快被替代成治人的计谋；他没有料到，他想灌溉的沃土将会时时成为战场，沃土上的稻谷将有大半充作军粮。他只知道，这个人要想不灭绝，就必须要有清泉和米粮。

他大愚，又大智。他大拙，又大巧。他以田间老农的思维，进入了最澄澈的人类学的思考。

他未曾留下什么生平资料，只留下硬扎扎的水坝一座，让人们去猜详。人们到这儿一次次纳闷：这是谁呢？死于两千年前，却明明还在指挥水流。站在江心的岗亭前，“你走这边，他走那边”的吆喝声、劝诫声、慰抚声，声声入耳。没有一个人能活得这样长寿。

秦始皇筑长城的指令，雄壮、蛮吓、残忍；他筑堰的指令，智慧、仁慈、透明。

有什么样的起点就会有什么样的延续。长城半是壮胆半是排场，世世代代，大体是这样。直到今天，长城还常常成为排场。

都江堰一开始就清朗可鉴，结果，它的历史也总显出超乎寻常的格调。李冰在世时已考虑事业的承续，命令自己的儿子做 3 个石人，镇于江间，测量水位。李冰逝世 400 年后，也许 3 个石人已经损缺，汉代水官重造高及 3 米的“三神石人”测量水位。这“三神石人”其中一尊即是李冰雕像。这位汉代水官一定是承接了李冰的伟大精魂，竟敢于把自己尊敬的祖师，放在江中镇水测量。他懂得李冰的心意，唯有那里才是他最合适的岗位。这个设计竟然没有遭到反对而顺利实施，只能说都江堰为自己流泻出了一个独特的精神世界。

石像终于被岁月的淤泥掩埋，20 世纪 70 年代出土时，有一尊石像头部已经残缺，手上还紧握着长锸。有人说，这是李冰的儿子。即使不是，我仍然把他看成是李冰的儿子。一位现代作家见到这尊塑像时怦然心动，“没淤泥而蔼然含笑，断颈项而长锸在握”。作家由此而向现代官场衮衮诸公诘问：活着或死了应站在哪里？

出土的石像现正在伏龙观里展览。人们在轰鸣如雷的水声中向他们默默祭奠。在这里，我突然产生了对中国历史的某种乐观。只要都江堰不坍，李冰的精魂就不会消散，李冰的儿子会代代繁衍。轰鸣的江水便是至圣至善的遗言。

四

继续往前走，看到了一条横江索桥。桥很高，桥索由麻绳、竹篾编成。跨上去，桥身就猛烈摆动，越犹豫进退，摆动就越大。在这样高的地方偷看桥下会神志慌乱，但这是索桥，到处漏空，由不得你不看。一看之下，先是惊叹。脚下的江流，从那么遥远的地方奔来，一派义无反顾的决绝势头，挟着寒风，吐着白沫，凌厉锐进。我站得这么高还感觉到了它的砭肤冷气，估计它是从雪山赶来的罢。但是，再看桥的另一边，它硬是化作许多亮闪闪的河渠，改恶从善。人对自然力的驯服，干得多么爽利。如果人类干什么事都这么爽利，地球早已是另一副模样。

但是，人类总是缺乏自信，进进退退，走走停停，不断自我耗损，又不断地为耗损而再耗损。结果，仅仅多了一点自信的李冰，倒成了人们心中的神。离索桥东端不远的玉垒山麓，建有一座二王庙，祭祀李冰父子。人们在虔诚膜拜，膜拜自己同类中更像一点神的人。钟鼓钹磬，朝朝暮暮，重一声，轻一声，伴和着江涛轰鸣。

李冰这样的人，是应该找个安静的地方好好纪念一下的，造个二王庙，也合民众心意。

实实在在为民造福的人升格为神，神的世界也就会变得通情达理、平适可亲。中国宗教颇多世俗气息，因此，世俗人情也会染上宗教式的光斑。一来二去，都江堰倒成了连接两界的桥墩。

我到边远地区看傩戏，对许多内容不感兴趣，特别使我愉快的是，傩戏中的水神河伯，换成了灌县李冰。傩戏中的水神李冰比二王庙中的李冰活跃得多，民众围着他狂舞呐喊，祈求有无数个都江堰带来全国的风调雨顺，水土滋润。傩戏本来都以神话开头的，有了一个李冰，神话走向实际，幽深的精神天国，一下子贴近了大地，贴近了苍生。

观澜索桥

【今作】

从都江堰到青城山

◎ 江南岸

都江堰，没有历史

我站在玉垒山上的入画亭向都江堰鸟瞰，我分明看见了一场战斗，一场人与水之间的旷日持久的战斗……

奔腾的岷江浩荡而来，一头碰到飞沙堰的石壁上，飞沙堰像一位巨人，拼出力量将它裁为两股，但两股大水似乎都不服如此调度，于是各自翻腾跳荡，相互赌气似的奔涌而下。

外江的那股如此一泻千里而去了，内江的那股却被拒在了离堆下，它似乎是有些懊恼和羞愧，突然间撒起野来，溅出如雪的泡沫和似雾的水汽，发出雷鸣般的咆哮，似千万条蛟龙藏在水中，要与离堆一比高低，然而离堆始终

离堆

以静制动，它让江水在脚下撒足了野，然后统统赶进宝瓶口，赶进千万条纤纤河渠，赶进川西平原的万顷良田，赶进炊烟袅袅的天府人间……都江堰分明演示着一场战斗，一场人与水旷日持久的激烈战斗。这场战斗的结果是，从天国雪山上流下的岷江激流流进了现实生活。生活永无止境，江水永无穷竭，便注定了这场战斗的永无休止——永远从今天延伸向明天。都江堰震耳的水声，也便成了一支在天地间永无终结的雄壮战歌，它歌唱的主题是永恒的，这就是现实和生命。

是的，都江堰没有历史！

余秋雨先生在他的《文化苦旅》中将都江堰与长城作了一番比较，他说："长城占据了辽阔的空间，都江堰却实实在在地占据了邈远的时间；长城的社会功用早已废弛，而都江堰至今还在为无数民众输送汩汩清流；长城摆出一副老资格等待人们的修缮，都江堰却卑处一隅，像一位不炫耀、毫无所求的乡间母亲，只知贡献，一查履历，长城只是它的后辈。"单就这些，我们不就可以说，时间对于都江堰是永恒的，都江堰的价值和功用始终在今天、明天、未来。都江堰没有历史，都江堰永远年轻！

我从入画亭沿石级下了山，山下的江岸有许多名胜景点，禹王宫朱栏雕窗，张扉亭玲珑别致，二王庙香火缭绕，秦堰楼巍峨壮观，古色古香的它

李冰父子塑像

们似在向游人炫耀着历史。但实际上它们和多数名胜地的“古迹”一样，都是后代重修的或重建的，严格地说，并非真正意义的古迹。都江堰的古迹——无论从哪种意义上说——只有江心的飞沙堰和伏龙观下的宝瓶口最有价值。然而，上飞沙堰的人远没有登二王庙和秦堰楼的多，看宝瓶口的也没有进伏龙观的多。所有远道而来的足音，都汇成了一种轻描淡写的游兴和满足。

的确，飞沙堰和宝瓶口，它们除了各自的那个古色古香的名字有点“古迹”的味道，它们在现实中所承受着的繁重负载并不像“古迹”，它们的设计和施工达到的科技高度更超越了现实。记得曾有位水利专家和我说过：类似都江堰的灌溉工程世界上也非绝无仅有，绝无仅有的是它至今还发挥着功用，只因它奇迹般地解决了一个泥沙淤塞的问题。之所以说是奇迹，是因为我们今天所建的一些水利工程，也难保千年后不被泥沙淤塞。因此，千年来一直是“说不尽的都江堰”。江水以永恒的姿态奔流着，把所有的硝烟或歌声轻轻覆盖于一片江水之下，江水下的确沉淀着厚重的历史，但历史被过多地叙说会成为一种炫耀，炫耀历史是现实的悲哀，面对都江堰我们还是多说说今天、明天甚至未来吧！当年，一介书生的李冰，便是从今天出发，从现实出发，想着明天，想着未来，终于琢磨出了一座都江堰，我们每一个来都江堰的人，不也应该琢磨出点儿什么吗？

我向通往飞沙堰的索桥走去，陪同我的四川友人C君建议我去一去二王庙，因为那里供奉着李冰父子塑像，我拒绝了。一是因为我向来不喜欢那些将人弄得非人非神的祠宇塑像；二是在我看来，李冰的灵魂绝不会在那儿——只要都江堰在，他的灵魂就绝不会在那高高的庙堂之上心安理得地受人香火，他的灵魂应该在滔滔的岷江激流中，在飞沙堰迎着激流的泥土中。我后来在伏龙观看到了一尊残损的李冰石像，是明代人刻的，当初是安放在飞沙堰下作测量水位用的。我觉得，想出这个主意的人，才真正懂得李冰的心，而修建二王庙的人倒未必懂得，虽然他们的心地是好的。

二王庙

我没进二王庙，但一定要上飞沙堰。于是，我踏上了“观澜索桥”。这是我平生第一次走索桥，桥上人很多，索桥被踩得不住摇晃，难走极了。大多数人并不是去飞沙堰，只是在享受索桥的刺激。当我走完了索桥，踏上了飞沙堰，双腿还在不住地打颤，让我领悟到了脚下泥土的珍贵。

秦堰楼

我走向堰头，见那儿有几个年轻人在照相，所借背景是奔腾而来的岷江水。我问他们为何要在这儿照相，他们中的一位笑着说：“李冰一定在这儿站过！”我看见他们都戴着“武汉水电学院”的校徽，心中不禁一阵感动。

寻幽青城山

都江堰的水声还在耳边轰响，我又驱车前往青城山。

青城山是著名的道教圣地。传说东汉时的张陵（民间传说中的张天师）便是在此山得道成仙的。

晋唐以来更是“地因范贤而显”，因而山上灵迹颇多，道书称之为“第五洞天九仙宝室之天”，号为神仙都会。然而青城山更为著称于世的，是它清寂幽静的自然环境。唐代大诗人杜甫一句“为爱丈人山，丹梯近幽意”的诗，

青城山山道

便使它获得了“青城天下幽”的美誉。道教文化我知之甚少，只记得《道德经》中有一句“道可道，非常道”。我等俗辈，整天为衣食而奔波，满身征尘一颗倦心，想来这“非常道”是无福消受的，但那享誉天下的幽意实在是太需要了。

我坐着车驶过了岷江大桥，向左转了三个弯，一会儿便见一座“青城天下幽”的石坊。驾车的C君建议在此留个影，我便有了一次眺望青城山的机会。

青城远望，诸峰环卫，耸绿叠翠，空谷四合，真如前人所说：“状如城郭，故名青城。”据说这便是青城山得名的缘由。再细看座座山峰，皆以大面为主、高台为枢。因此宋代大诗人陆游有诗云：“山如翠浪尽东倾。”更为独特的是那些“东倾”的断崖大面，土石皆赤，与满山树色的翠绿深黛，色调上形成了强烈的对比，杜甫所说的“丹梯”与“幽意”大概正是据此而言的吧。

照完相，登上车，虽然都江堰的水声似乎还在耳边轰响，但想到青城在即，马上就会有大把大把的幽意任我挥霍，不觉耳静心净了。

C君将车在青城山山门前停稳，关闭了发动机，但分明仍有轰轰的声响，推开车门，声浪没头没脑地袭来。原来是青城山新建的“高空单轨车”正在运行。这种车据说是全国独创。它形如猪头，由齿轮套在一条钢轨上，运行起来响声如雷，整个一座青城山被它搅得像一只巨大的蜂箱轰轰作响。我望着山坡上一只只上下移动的“猪头”，听着回荡在青城山山谷间的轰响，不禁哭笑不得。我暗暗笑自己的天真，什么“青城天下幽”！天下所有的喧嚣、人流、灰尘，青城山都有，而恰恰没有了幽静，连遗落在林间的暗暗幽意，也仿佛被那斑斑驳驳的阳光闪闪烁烁地筛尽了。幽静只成了杜甫笔下的一种诗意，也成了青城山的一段历史。

山上也许会好些！我于是也颇有几分滑稽地坐上了形如猪头的单轨车，再渡过月城湖，乘上索道缆车，直奔上山顶。谁知山上依然寻不到一丝丝清静。道旁挤满了抬滑竿的壮汉和推销纪念品和药材的商贩，他们不住地吆喝，吆喝滚滚的商潮。走进上清宫，三个七八岁的孩子拉住我，要我买他们的香袋，他们说这是为了挣开学的学费，不知是真是假。我买了三个，我宁愿相信他们说的是真话，否则，青城山令我失望的就不仅是它没有了幽静。

既然无幽可探，还是早些下山吧！那满山的石刻题咏，那随处可见的楹联，没必要一一去看了，“青城天下幽”既已成为历史凝在前人的题咏里了，那就只需买本《青城山楹联诗词选》之类，带回去看也一样。于是，观日亭、壮观台、朝阳洞、访宁桥等依次落在了身后，留在了山上。

天师洞不能不进去一看，毕竟是张天师为我们留下了这样一座道教名山嘛！然而洞中的光线实在太暗，我无法久留其中。匆匆退出来，明亮的阳光竟使人有点目眩，于是找了块石头坐下。隐隐约约地有一阵笛音飘来，似天籁。侧耳倾听，笛声飘浮于林涛之上，宛转而缭远，苍凉而凄清，心不禁为之颤动，浑身毛孔不禁收缩，仿佛饮了杯清凉饮料一般。

我循声穿过一片山林，一座山崖迎面，山崖赤红，崖下有一位四十多岁的中年人正聚精会神地吹着一支长长的竹笛，他面前放着一捆这样的笛子，我立刻明白，这是个卖笛子的。但我不明白，他卖笛子怎么跑到这里。我走到他面前，他并不抬头看我，仍一心地吹着他的笛子。

“这笛子卖吗？”我问。“当然，你自己挑吧！”他仍不看我，仍悠悠地吹着笛，表情依然那么平静。付钱时我问他为何不像别的商贩那样在道边卖，他

青城山下一角

说："这儿好！"找我零钱时，他一阵摸索，我这才发现他原来是个盲人。我接过他找的钱站起身，他又悠悠地吹起手上的那支长笛，表情依然那么平静。我的心竟也不觉平静了许多，那震耳的林涛，那嘈杂的人声，还有那单轨车的轰鸣，一时仿佛从耳边消失了，只有这悠悠的笛音在山间飘荡，在耳边萦绕，我忽然觉得"青城天下幽"的诗意全在这悠悠的笛声中。

我真佩服这位卖笛子的盲人，在这商潮滚滚的青城山，亏他想得出这种"以静制动"的方法来推销自己，想来他一定深谙诸葛亮"宁静致远"的道理吧！青城山已没有宁静，宁静的只有他自己的心境。我也真感谢这位盲人，是他让我领悟到了真正的"天下幽"的境界，不过它并不在青城山，而竟在我自己心中的一隅。

回到成都的旅馆，我没取出从青城山买回的小册子来追慕青城山幽寂的历史，而是取出了买回的那支竹笛，虽然我并没吹它，但耳边又响起了那悠悠的飘浮于林涛之上的笛音。

那天夜里，我睡得很好，虽然窗外的马路上依然车水马龙，人声如潮。

巴东三峡巫峡长

重庆

【图说】

重庆位于长江和嘉陵江汇合处，是中国四个直辖市之一，也是一座有着悠久历史文化的名城，古称巴郡、楚州、渝州、恭州，简称“渝”。公元 1189 年，宋光宗赵惇先封恭王，后即帝位，遂取“双重喜庆”之意，升恭州为重庆府，重庆因此得名。

从古到今共有三国建都于重庆，分别为巴国都、大夏国都、民国陪都，自此重庆又有“三都之地”之称。由于特殊的地理环境和特殊的气候，重庆还有很多别称，如“火炉”“山城”“雾都”等。重庆靠近长江，很多名胜都与之有关，如三峡、小三峡、小小三峡、乌江画廊、白帝城、张飞庙等。

【走读】

巴东三峡巫峡长

◎ 张成刚

诗人杨炯在《巫峡》中写道：“重岩窅不极，叠嶂凌苍苍。绝壁横天险，莓苔烂锦章。”正是这“青峰列屏障，翠峦出大江”的险恶的山居环境，铸就了巴人顽强、坚韧的性格。“房如积水顺山盖。”他们依山而建的楼阁，鳞次栉比，层层叠叠，在高山掩映中，缀出美丽山城亮丽的风景。

独特的山水孕育了长江上游最富鲜明个性的巴渝文化。

一

重庆的山美，重庆的水更美，美在嘉陵江的轻盈灵秀，美在母亲河长江的奔腾浩荡。三千多年来，奔腾不息的长江横贯东西，浇灌着巴渝文化。历代文人墨客在这里写下了许多脍炙人口的名篇佳句。乘船畅游长江，你会醉

俯瞰巫峡

心于古老而绚丽的山水文化。郦道元《水经注》云："重岩叠嶂，隐天蔽日……或王命急宣，有时朝发白帝，暮至江陵，其间千二百里，虽乘奔御风，不以疾也。"再现了三峡山体高峻、水流湍急的宏伟气势。

湍急的水道

在这山与水之间，有"朝辞白帝彩云间，千里江陵一日还。两岸猿声啼不住，轻舟已过万重山。"（李白《早发白帝城》）的轻快，有"巫峡啼猿数行泪，衡阳归雁几封书"（高适《送李少府贬峡中王少府贬长沙》）"巴东三峡巫峡长，猿鸣三声泪沾裳"（郦道元《三峡》）的忧伤，还有"岩悬青壁断，地险碧流通。古木生云际，归帆出雾中"（陈子昂《白帝城怀古》）和"巴水忽可尽，青天无到时"（李白《上三峡》）的豪迈。

诗仙李白取道长江三峡，途经瞿塘峡、巫峡时，抒写了自己"巫山枕障画高丘，白帝城边树色秋。朝云夜入无行处，巴水横天更不流"（李白《巫山枕障》）的真切感受；诗圣杜甫也有"三峡传何处，双崖壮此门。入天犹石色，穿水忽云根"（杜甫《瞿塘两崖》）的殷殷情愫。三峡的险峻优美之态和苍凉雄峻之势，彰显出巴渝山水的神秘性灵，凝结成巴渝文化的主要元素。

二

从古至今，巴渝的青年男女总喜欢借山水歌咏爱情。听，一位男子唱着："隔山喊妹山在应，隔河喊妹水应声。为啥山应你不应，流水有声你无声？"不一会，峡江岩石上，一位秀美女子高歌起来："半边落雨半边晴，斑鸠爱的刺芭林。鱼儿爱的三峡水，情妹爱的拉船人。”好一幅生动的爱情生活画面！其中浸透着山里小伙的耿直与忠厚，也传达着姑娘的羞怯与期盼，更映射出清新淳朴的巴渝风情。

早在春秋战国时期，脍炙人口的巴族民歌就走出了巴境，传至楚国等地。据《昭明文选》记载：“客有歌于郡中者，其下始于下里巴人，国中属而和者数千人。”可以想见巴山调在楚国千人合唱的壮观景象。不仅如此，巴渝一带的民间歌谣巴山调（亦称“竹枝词”）还深受迁客骚人青睐。唐代诗人刘禹锡任夔州刺史时，依照这种歌谣的曲调写了十来首歌词，其中“杨柳青青江水平，闻郎江上唱歌声。东边日出西边雨，道是无情还有情”最为著名。此后，竹枝词便开始成为一种人们喜闻乐见的洋溢着浓郁民歌风味的诗体形式，足见巴山调对我国文学创作的影响之大。

古代巴族人能歌善舞，创造出了辉煌灿烂的巴文化。据说，早在殷商时期，英勇顽强的巴人参加武王伐纣战争，总是一边唱着进军的歌谣，一边跳着冲锋的舞蹈，勇往直前，所向披靡，难怪古代典籍有“武王伐纣，前歌后舞”的记载。后来，这种“战舞”不断在巴地民间发展演绎，形成巴渝舞。唐以后，巴渝舞逐渐从宫廷乐舞中消失，而在民间仍遗风犹存。现在的花鼓调、花灯调、莲花落、川剧帮腔、川江号子等仍融入了巴渝舞曲的诸多元素。

夔门

如今，当夜幕降临，万家灯火，站在朝天门广场，极目远眺，不必说那南滨路上车水马龙，流光溢彩，也不必说那北滨路上长虹卧波，银龙飞舞，单就那南山上，繁星点点的灯火，扑朔迷离，交相辉映，你就会清晰地感受到巴渝重庆奋进的步履。品一口“巴乡清”，任凭思绪翻飞，听着“赤脚短衣半在腰，裹饭寒吞掬江水”的纤夫们起伏跌宕的悲壮号子，沐浴古朴凝重的巴渝风情，看着重庆的山水，品味巴渝文化，心里定然会平添几多骄傲与自豪。

【链接】

三　峡

郦道元

自三峡七百里中，两岸连山，略无阙处；重岩叠嶂，隐天蔽日，自非亭午夜分，不见曦月。

至于夏水襄陵，沿溯阻绝。或王命急宣，有时朝发白帝，暮至江陵，其间千二百里，虽乘奔御风，不以疾也。

春冬之时，则素湍绿潭，回清倒影。绝巘多生怪柏，悬泉瀑布，飞漱其间，清荣峻茂，良多趣味。

每至晴初霜旦，林寒涧肃，常有高猿长啸，属引凄异，空谷传响，哀转久绝。故渔者歌曰：“巴东三峡巫峡长，猿鸣三声泪沾裳！”

【胜迹】

游览建议路线

巫山　三峡　白帝城　大足石刻

重庆及周边名胜分布示意图

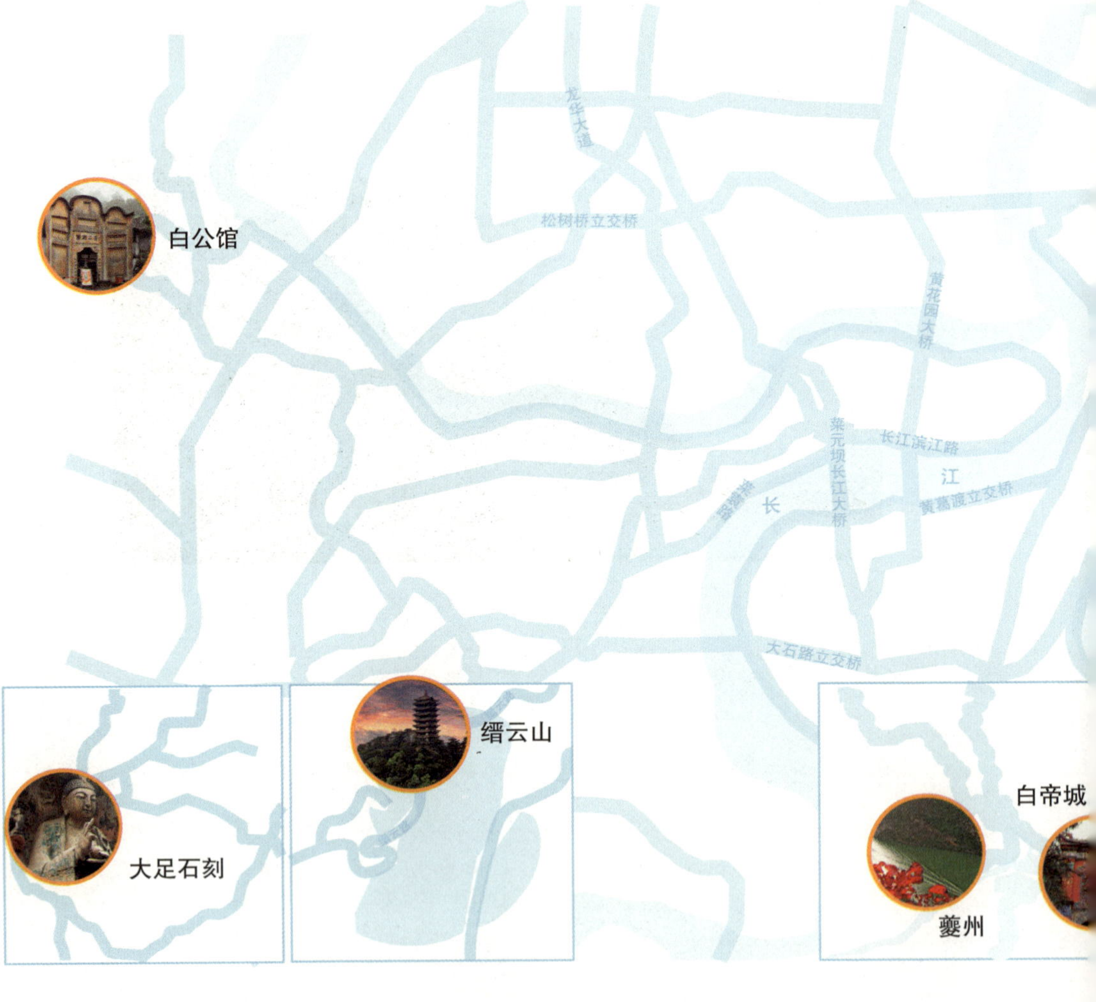

夔州歌十绝句之一

【唐】杜　甫

中巴之东巴东山，江水开辟流其间。
白帝高为三峡镇，夔州险过百牢关。

杜甫像

闻官军收河南河北

【唐】杜　甫

剑外忽传收蓟北，初闻涕泪满衣裳。
却看妻子愁何在，漫卷诗书喜欲狂。
白日放歌须纵酒，青春作伴好还乡。
即从巴峡穿巫峡，便下襄阳向洛阳。

早发白帝城

【唐】李　白

朝辞白帝彩云间，
千里江陵一日还。
两岸猿声啼不住，
轻舟已过万重山。

李白像

郦道元在其名作《三峡》中有名句：
“巴东三峡巫峡长，猿鸣三声泪沾裳！”

【名篇】

重庆行记

◎ 朱自清

这回暑假到成都看看家里人和一些朋友，路过陪都，停留了四日。每天真是东游西走，几乎车不停轮，脚不停步。重庆真忙，像我这个无事的过客，在那大热天里，也不由自主地好比在旋风里转，可见那忙的程度。这倒是现代生活现代都市该有的快拍子。忙中所见，自然有限，并且模糊而不真切。但是换了地方，换了眼界，自然总觉得新鲜些，这就乘兴记下了一点儿。

热

昆明虽然不见得四时皆春，可的确没有一般所谓夏天。今年直到七月初，晚上我还随时穿上衬绒袍。飞机在空中走，一直不觉得热，下了机过渡到岸上，太阳晒着，也还不觉得怎样热。在昆明听到重庆已经很热。记得两年前

朝天门码头

洪崖洞

端午节在重庆一间屋里坐着，什么也不做，直出汗，那是一个时雨时晴的日子。想着一下机必然汗流浃背，可是过渡花了半点钟，满晒在太阳里，汗珠儿也没有沁出一个。后来知道前两天刚下了雨，天气的确清凉些，而感觉既远不如想象之甚，心里也的确清凉些。

滑竿沿着水边一线的泥路走，似乎随时可以滑下江去，然而毕竟上了坡。有一个坡很长，很宽，铺着大石板。来往的人很多，他们穿着各样的短衣，摇着各样的扇子，真够热闹的。片段的颜色和片段的动作混成一幅斑驳陆离的画面，像出于后期印象派之手。我赏识这幅画，可是好笑那些人，尤其是那些扇子。那些扇子似乎只是无所谓地机械地摇着，好像一些无事忙的人。当时我和那些人隔着一层扇子，和重庆也隔着一层扇子，也许是在滑竿儿上坐着，有人代为出力出汗，会那样心地清凉罢。

第二天上街一走，感觉果然不同，我感受了重庆的热了。扇子也买在手里了。穿着成套的西服在大太阳里等大汽车，等到了车，在车里挤着，实在受不住，只好脱了上装，摺起挂在膀子上。有一两回勉强穿起上装站在车里，头上脸上直流汗，手帕子简直揩抹不及，眉毛上，眼镜架上常有汗偷偷地滴下。这偷偷滴下的汗最教人担心，担心它会滴在面前坐着的太太小姐的衣服上，头脸上，就不是太太小姐，而是绅士先生，也够那个的。再说若碰

重庆老城风景

到那脾气躁的人，更是吃不了兜着走。曾在北平一家戏园里见某甲无意中碰翻了一碗茶，泼些在某乙的竹布长衫上，某甲直说好话，某乙却一声不响地拿起茶壶向某甲身上倒下去。碰到这种人，怕会大闹街车，而且是越闹越热，越热越闹，非到宪兵出面不止。

话虽如此，幸而倒没有出什么岔儿，不过为什么偏要白白地将上装挂在膀子上，甚至还要勉强穿上呢？大概是为的绷一手儿罢。在重庆人看来，这一手其实可笑，他们的夏威夷短裤儿照样绷得起，何必要多出汗呢？这儿重庆人和我到底还隔着一个心眼儿。再就说防空洞罢，重庆的防空洞，真是大大有名、死心眼儿的以为防空洞只能防空，想不到也能防热的，我看沿街的防空洞大半开着，洞口横七竖八地安些床铺、马札子、椅子、凳子，横七竖八地坐着、躺着各样衣着的男人、女人。在街心里走过，瞧着那懒散的样子，未免有点儿烦气。这自然是死心眼儿，但是多出汗又好烦气，我似乎倒比重庆人更感到重庆的热了。

行

衣食住行，为什么却从行说起呢？我是行客，写的是行记，自然以为行第一。到了重庆，得办事，得看人，非行不可，若是老在屋里坐着，压根儿我就不会上重庆来了。再说昆明市区小，可以走路；反正住在那儿，这回办不完的事，还可以留着下回办，不妨从从容容的，十分忙或十分懒的时候，才偶尔坐回黄包车、马车或公共汽车。来到重庆可不能这么办，路远、天热，日子少、事情多，只靠两腿怎么也办不了。

况且这儿的车又相应、又方便，又何乐而不坐坐呢？

前几年到重庆，似乎坐滑竿最多，其次黄包车，再其次才是公共汽车。那时重庆的朋友常劝我坐滑竿，因为重庆东到西长，有一圈儿马路，南到北短，中间却隔着无数层坡儿。滑竿可以爬坡，黄包车只能走马路，往往要兜大圈子。至于公共汽车，常常挤得水泄不通，半路要上下，得费出九牛二虎之力，所以那时我总是起点上终点下的多，回数自然就少。坐滑竿上下坡，一是脚朝天，一是头冲地，有些惊人，但不要紧，滑竿夫倒把得稳。从前黄包车下打铜街那个坡，却真有惊人的着儿，车夫身子向后微仰，两手紧压着车把，不拉车而让车子推着走，脚底下不由自主地忽紧忽慢，看去有时好像不点地似的，但是一个不小心，压不住车把，车子会翻过去，那时真的是脚不点地了，这够险的。所以后来黄包车禁止走那条街，滑竿现在也限制了，只准上坡时坐。可是公共汽车却大进步了。

这回坐公共汽车最多，滑竿最少。重庆的公用汽车分三类，一是特别快车，只停几个大站，一律廿五元，从那儿坐到哪儿都一样，有些人常拣那候车人少的站口上车，兜个圈子回到原处，再向目的地坐；这样还比走路省时省力，比雇车省时省力省钱。二是专车，只来往政府区的上清寺和商业区的都邮街之间，也只停大站，廿五元。三是公共汽车，站口多，这回没有坐，好像一律十五元，这种车比较慢，行客要的是快，所以我没有坐。慢固然因停得多，更因为等得久。重庆汽车，现在很有秩序了，大家自动的排成单行，依次而进，座位满人，卖票人便宣布还可以挤几个，意思是还可以“站”几个。这时愿意站的可以上前去，不妨越次，但是还得一个跟一个“挤”满了，卖票宣布停止，叫等下次车，便关门吹哨子走了。公共汽车站多价贱，排班老是很长，在腰站上，一次车又往往上不了几个，因此一等就是二三十分钟，行客自然不能那么耐着性儿。

重庆滑竿

（有删改）

朱自清（1898—1948）

字佩弦，原名自华，号秋实，笔名余捷、柏香、白水等，原籍浙江绍兴，现代著名散文家、诗人、学者、民主战士，其散文以朴素缜密、清隽沉郁、语言洗练、文笔清丽著称，极富有真情实感，代表作有《荷塘月色》《背影》《桨声灯影里德秦淮河》等。

三峡散记

◎宗　璞

我所见的三峡，从中峡巫峡始。

船从汉口开。那一天天色灰蒙蒙的，水色也灰蒙蒙的。在一片灰蒙蒙之间，长江大桥平静稳重地跨在龟蛇二山上。古色古香的黄鹤楼和现代化的二十层的晴川饭店遥相对峙。水面上忽然闪出一道亮光，摇着、跳着，往船头方向漾开去，一直到大桥那一边。原来云层里透出小半个灰白的太阳来。

船开了，追着水面跳荡的远去的阳光开行了。

大桥看不见了。两岸房屋越来越少，江面越来越宽，有一道绿边围着，极目前方，出口很窄，水天相接，长江从窄窄的天上流过来。等船驶近，原来也是十分宽阔。窄窄的水天相

夔门暮色

接的出口又移到远处了。于是又向前去穿过那窄的出口。

船行的次日中午过沙市，约停四五小时又起锚。直到黄昏，原野还是平阔，江流浩荡。暮色中更显得浑重。我想不出三峡是怎样开始的，便去问过来人。据说山势逐渐高起，过了宜昌才见分晓。日程表上写明第三日七时左右到下峡西陵峡，尽可放心休息。

半夜两点多钟，一阵喧闹的人声、哨声和拖铁链的声音把我惊醒。从窗中看出去，只见一堵铁壁挡在眼前，几乎伸手便可摸到。“到葛洲坝了！”我猛省，连忙起身出房。只见甲板上灯火辉煌，我们的船在船闸里。上下四层的船不及闸墙三分之一高，抬头觉得闸顶很远，那一块黑漆漆的天空更远。人们从船头走到船尾，又从船尾走到船头，互相招呼：“要放水了！”“要开闸了！”据说闸门每扇有两个篮球场大。等到船闸停满了船只，便开始放水。眼看着我们的船向上浮升，一会儿工夫，已不用仰望闸顶，只消平视了。紧接着闸门缓缓打开，“扬子江号”破浪前行，黑夜间，觉得风声水声灌满两耳。站在船尾看时，璀璨的葛洲坝灯火渐渐远去，终于消失在黑暗里。我心中充满了对人——我的同类的无限敬仰之情。只因有了人，万物之灵长的人，万物本身，包括这日夜奔腾不息的长江，才有各自的意义。

我自己却是愚蠢之物，过分相信日程表，以为离七点钟尚早，便又回房。等我再出来时，两岸有丘陵起伏，满心以为要到三峡了，不想伙伴们说：“西陵峡已经过了！屈原和昭君故里都过了！”

我好懊恼。“百里西陵一梦中。”我说。

可是没有时间懊恼或推敲诗句。船左舷很快出现一座山城，古旧的房屋依山势而建，层层叠叠，背倚高山，下临江水，颇觉神秘。这是寇莱公初登仕途、做县令的地方。大江东流，沿岸哺育了多少俊杰人物，有名的和无名的，使人在山水草木城郭之间总有许多联想。不只是地理的，而且是历史的，这是中国风景的特色。

天还是灰蒙蒙的，雨点儿在空中乱飞。据说这是标准的巫峡天气。我们在云雾弥漫中向前行驶。忽然面前出现两座奇峰，布满树木，呈墨绿色。江水从两山间流来。两山后还有山，颜色淡得多，披云着雾。江水在这山前弯过去了，真不知里面有多深多远！这就是巫峡东口了，只觉得一派仙气笼罩着山和水。人们都很兴奋，山水却显得无比沉静，像一幅无言的画，等待人走进去。

船进入巫峡，江流顿时窄了许多。两岸峭壁如同刀削，插在水里。浑浊泥黄的江水形成了一个个小漩涡，从船两边退去，分不清水究竟向哪个方向流。面前秀丽的山峰截断了江流，到山前才知道可以绕过去。绕过去又是劈开的两座结构奇特的山峰，峰后云遮雾掩，一座座峰颜色越来越淡，像是墨在纸上渗了开来。大家惊异慨叹，不顾风雨，倚在栏边，眼睛都不敢眨一眨。我望着从船旁退去的葱葱郁郁的高山，真想伸手摸一摸。这山似乎并不比船闸远多少。

据说神女峰常为云雾遮蔽，轻易不肯露面。人们从上船起便关心是否有缘得见。抬头仰望，只觉得岩绝壁压顶而来，令人赞叹之间不免惶悚。一个个各种名目的峡过去了，奇极了，也美极了。冷风挟着雨滴和山水一起迎接我们的船。“快看，快看！”大家互相指着叫着。“看到了！看到了！”看到的舒一口气，没看到的懊丧地继续伸长脖子。

我看到了。我早就知道神女会见我的。那山峰本来就峻峭秀奇，在云雾中似乎有飞腾之势。就在峰顶侧，站着一个窈窕女子，衣袂飘飘，凝神远望。怎能信她是块石头！再一想，她本是块石头，多亏了人，才化为仙女，得万人瞻仰。她才有她的事迹，得千古流传。薄薄的淡灰色的云纱缠绕着仙女和峰顶，云和山一起移动，人们回头看，再回头看，看不见了。

快到巫山时，一只货船自上游急驶而下，船上人大声喊着，听起来像歌一样萦绕在峡谷中。临近时才听清他喊的是“道谢了！道谢了！”原来是大船为免小船颠簸，放慢了速度。

“道谢了！道谢了！”喊声随着船远去了。忽然想起《水经注》上对巫峡的总结：“巴东三峡巫峡长，猿鸣三声泪沾裳！”现在没有猿啼了，却有人的喊声在峡谷中撞击，充满了和自然搏斗的欢乐。

过了巫山县，驶过黛溪宽谷，便是上峡瞿塘峡。上峡只有八千米，仍是高山重嶂断岸千尺，很是雄浑壮伟，只不如中峡灵秀，出夔门时，据说滟滪堆就在脚下，还有传说为八阵图的礁石也炸掉了。人，当然要胜过石头的。

…………

船驶出西陵峡口，顿觉天地一宽。见峡口两峰并不很高大，这是因葛洲坝使水位提高了。峡口山上有亭台，众人如蚁行其上，显然是一公园。远见大堤拦截，各种横杆竖线，我们又回到了红尘。

峡口两山老实地站在江中，船仍随水东流。我和我的记忆，也随船飘远了。

（有删改）

巴东三峡

◎ 刘大杰

“巴东三峡巫峡长，猿啼三声泪沾裳！”猴子现在虽说看不见了，三峡中山水的险恶形势，我想同往日是没有什么不同的。在绿杨城郭桃杏林中的江南住惯了的人，一旦走到这种地方来，不知道要生出一种什么样的惊异的情感。好比我自己，两眼凝望着那些刀剑削成一般的山崖，怒吼着的江水，自然而然地生出来一种宗教的感情，只有赞叹，只有恐怖。万一那山顶上崩下一块石头来，或是船身触着石滩的时候，那不就完了吗？到了这种地方，无论一个什么人，总没有不感到自己是过于渺小，自然界是过于奇伟的。

船身从宜昌上驶，不到一刻钟，山就高起来，绵延不断，一直到重庆。在这一千多里的

三峡两岸山势陡峭

黄陵庙

长途中，以三峡的形势为最险恶。在三峡中，又以巫峡为最长，山最高，江最曲折，滩流最急，形势最有变化。船在三峡中，要走一整天，初次入川的客人，都紧张地站在船边上看，茶房叫吃饭也没有人理，我自己早就准备了几块面包、几支烟、一本蜀游指南，坐在船边的靠椅上，舒舒服服地看了一个饱。

开始是西陵峡，约长一百二十里，共分四段。第一段是黄猫峡，山虽高，然不甚险，江水虽急，然不甚狭。三游洞在焉。三游洞者何？唐白居易兄弟和元微之，宋欧阳修和苏东坡兄弟，都到此地游历过，所以有前三游后三游之称。可惜船过下牢溪时，不能停泊，只能从崖缝里隐约地望望而已。

第二段是灯影峡。江北的山虽是险峻，都干枯无味。江南的山，玲珑秀丽，树木亦青葱可爱。黄牛峡黄陵庙在焉。古语有“朝发黄牛暮见黄牛”之语，现在并不觉得如何危险。不过南沱至美人沱一段，石滩较多，江流较急而已。在这一段，我最爱黄陵庙。在南岸一座低平的山上，建立一个小小的古庙，前面枕江，三面围绕着几百株浓绿的树木，最难得的是在三峡中绝不容易见到的几十株潇洒的竹子，石崖上还倒悬着不少的红色紫色的花。庙的颜色和形式，同那里的山水，非常调和。很浓厚地带着江南的风味，袅袅不断的青烟，悠悠的钟声，好像自己是在西湖或是在扬州的样子，先前的紧张情绪，现在突然变为很轻松很悠闲了。船过黄陵庙的时候，我有两句即景的诗：“黄陵庙下江南味，也有垂杨也有花。”不过这情景也很短促，不到两三分钟，船就驶入西陵峡的第三段了。

第三段是空冷峡，山形水势，突然险峻起来，尤以牛肝马肺峡一处最可怕。两旁的山，像刀剑削成似的，横在江中，成一个极曲折极窄的门，船身得慢慢地从那门中转折过去。在江北那一面作为门的山崖上，悬着两块石头，一块像牛肝，一块像马肺。牛肝今日犹存，马肺已被外国人用枪打坏了。在陆放翁的《入蜀记》里，写作马肝峡，想是一时的错误。在离牛肝马肺不远，有一个极险的空冷滩。水从高的石滩上倒注下来，而形势极可怕。上水船在这里都必得特别小心。今年上半年，有三只小轮船都在这里沉了。他们行船的人有一句谚语，“青滩叶滩不算滩，空冷才是鬼门关”，那情形也就可想而知了。想着往日的木船，真不知道如何走得过去的。

第四段是米仓峡，又名“兵书宝剑峡”，距离虽是不长，水势虽没有从前那么急，在山崖方面，却更加高峻。出了峡，山便低平，有一个小口，那便是有名的王昭君浣装的地方，叫做“香溪”。昭君村离此四十几里，在秭归县东北。杜工部的“群山万壑赴荆门，生长明妃尚有村”，要亲自到这地方，才可以领略到前人用字之妙。一个“赴”字，把那里的山势真是写活了。那里的山峰，高的高，矮的矮，一层一层地就像无数匹的马在奔驰的样子。所谓“赴荆门”，那形势是一点也不假的。

船过了秭归和巴东，便入了最有名的巫峡，这真是一段最奇险的最美丽的山水画。江水的险，险在窄，险在急，险在曲折，险在多滩。山的好处，在不单调。这个峰很高，那个峰还要更高，前面有一排，后面还有一排，后面的后面，还有无数排，一层一层地你围着我，我围着你，你咬着我，我咬着你。前面无路，后面也无路。四面八方，都被悬崖阻住。船身得转弯抹角地从山缝里穿过去。两旁的高山，笔直地耸立着，好像是被一把快刀切成似的，那么整齐，那么险峻。仰着头，才望见峰顶，中间是一线蔚蓝的天空。偶尔看见一只黑色的鸟，拼命地飞，拼命地飞，总觉得它不容易飞过那高的峰顶。江水冲在山崖上，石滩上，发出一种横暴的怒吼，有时候可以卷起一两丈高的浪堆。

上有六龙回日之高标，下有冲波逆折之回川。
黄鹤之飞尚不得过，猿猱欲度愁攀援。

李太白这几句诗，要亲自走过这一段路的人，才知道他是写得真，写得深，写得活现。在这几句诗里，并没有夸张，没有虚伪，完全是用写实的笔，把巫峡这一段险恶奇伟的形势，表现出来了。

三峡里面的山，以青石洞一带为最高。有名的巫山十二峰，便分布在大江的南北岸。“连峰去天不盈尺，枯松倒树倚绝壁”，正是这地方的写实。望着神女庙的一线白墙，好像一本书那么大，搁在一张山上，真好像是神话中的景致。高唐观在巫山县城西，连影子也望不见。最雄伟的，是松峦峰、望霞峰、朝云峰、登龙峰、翠屏峰，各自呈着不同的状态，你监视我，我监视你，雄赳赳地耸立在那里，使人望了产生一种恐怖的感情。

巫山的云，这一次因为天气晴爽，没有看到。据一位老先生说，看巫山的云，要在迷蒙细雨的天气。那时候，望不见天，望不见山峰，只见顶上云雾腾腾，有像牛马的，有像虎豹的，奇形怪状，应有尽有，那情形比起庐山来还要有趣。这一次因为正是秋高气爽的好天气，天上连云影也没有，几个极高的峰巅，我们可以望得清清楚楚。最可爱的，就是在那悬崖绝壁的上面，倒悬着一些极小的红花，映着古褐苍苍的石岩，另有一种情趣。任叔永先生过三峡有几句诗，写这情景极好："举头千丈逼，注目一峰旋。红醉岩前树，碧澄石外天。"岩前红树，石外青天，要到这地方来，才可领略得到。语堂、达夫两兄可惜未来，若到此境界，不知如何跳跃叫喊也？

过巫山即入瞿塘峡。此峡最短，不过十三四里。山势较巫峡稍低平，水势仍险急，因有夔门滟滪堆阻在江中，水不得平流之故。过瞿塘峡，北岸有一峰突起，树木青葱，玲珑可爱，这便是历史上有名的白帝城。那一段古城刘皇叔托孤的悲惨的故事，就表演在这个地方。山顶上有一古刹，为孙夫人庙，颜色为瓦白色的墙，隐约地从树林中呈现出来。我们走过的时候，正是下午六点光景，一道斜阳，照在庙前的松树上，那颜色很苍冷。远远地朝北望去，可以隐约地望见八阵图的遗迹。庙里的钟声，同夔府那边山上传来的角声，断断续续地唱和着，那情调颇有些凄凉。所谓英雄落泪游子思乡的情感，大概就在这种境界里产生的。

到白帝城，三峡算是走完了。山势从此平敞些，江面宽得多，水势也平得多了。满船的人，一到这地方，都感到一种"脱去危险"的愉快，心灵中自然而然地生出来一阵轻松。好像一个人从险峻的山顶上走到了平地，从一个黑暗的山洞里，走出了洞口似的，大家都放下心来，舒舒服服地喘了一口气。不到十分钟，船就泊在夔府的江岸了。天上一轮明月，正在鲤鱼山的顶上，放射着清寒的光。

刘大杰（1904—1977）

湖南岳阳人，学者、作家、翻译家、有长篇小说《三儿苦学记》、话剧《十年后》、学术论著《中国文学发展史》《魏晋文人思想论》、译作《雪莱诗选》等。

【今作】

重庆印象

◎张 炯

来到重庆，首先就被环绕城市的青山秀水所吸引。这里的山四季常青，这里的树四季常绿，这里的花四季五彩缤纷，这里的嘉陵江清澈而碧绿，至于分布山川之上、之旁的高楼大厦，更是拔地而起，参差错落，竞相向天宇展示自己仪态万端的雄姿。谈到这里的路，是穿山越岭如履平地，在地底隧道，地面轻轨和穿行楼宇间的街道、高速公路的引领下，四通八达，十六座横跨嘉陵江和长江上的长桥更如跨天巨虹把江北、渝中和南岸各区紧紧联结起来，使整座幅员辽阔的城市，有如生气蓬勃的肌体。

重庆的各个方面都给人以美的感觉。不但建筑美，江流美，山野美，树美和花美，重庆的美女是闻名的，重庆的美食也是闻名的。至于新建的轻轨，沿嘉陵江而上，时而紧傍江流，时而隐入山腹的隧道之中，给人以深刻的印象。歌乐山的烈士群像，南滨公园的八里文化长廊，重庆外国语学校的

陡峭的江岸

歌乐山烈士陵园

崭新校舍，龙湖住宅区的栋栋别墅和高层公寓，渝北区园林式的优美而富于文化韵味的温泉生态园，各式各样的建筑无不给人以美的感觉。大江之中，不仅水色不同，而且大船小舟云集，码头上下百舸争流，豪华游轮引吭高歌，酒店楼船灯火通明—真是大江入峡流，乾坤日夜浮，何当共饮江流水，且疑渝州是汴州。重庆的山，森林茂密，不仅环绕市区，而且长入市区，城在山中，山在城中，加上大江日夜流，真是山川形胜，无可比拟。

说到重庆的美，不能不讲到人心的美。重庆在抗战期间曾遭日本侵略者的狂轰滥炸，日军在重庆投下了几十万吨炸弹，把许多地方夷为平地，一次就死伤一万多人。但重庆人从来没有畏惧和屈服，不管牺牲多大，他们一直坚持战斗，坚持各个行业的工作。重庆人勤劳而勇敢，热爱乡土也能包容全国的外省人。作为战时首都，外省人自然来得多，人民解放战争的胜利和后来的“三线”建设，也有大量外省人来到这座山城。他们中有许多人都加入了重庆人的行列。于是，重庆人便有了北方人的豪爽和南方人的细腻，甚至还兼有了上海人的时尚和创新精神。

当万吨巨轮上溯长江，从太平洋直达重庆朝天门码头时，我相信重庆一定会更上一层楼……

（有删改）

汉封遗迹空怜在

汉中

【图说】

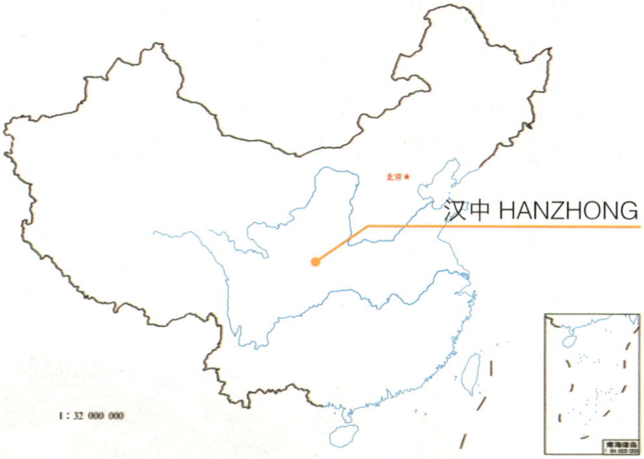

汉中，陕西南部汉江之滨的一座古城，有“西北小江南”和“秦巴明珠”之称。“汉中”之名源于汉江，《汉中府志》中说：“郡临汉水之阳，南面汉山，故名汉中。”汉中作为行政建制的名称始于秦代，特殊的地理位置使这块“栈阁北来连陇蜀，汉川东去控荆吴”的土地成为兵家必争之地，演绎了众多可歌可泣的英雄故事。

汉中是人杰地灵之地：张良曾隐居紫柏山上；蔡伦的封地和墓地均在汉中；曹操征战汉中，在褒谷口留下存世的唯一真迹—“衮雪”；诸葛屯兵汉中，木牛流马的传说至今流传民间；李白、杜甫、岑参、苏轼、陆游等许多历史名人，也在汉中留下了珍贵的诗词墨宝。此外，这里还有被誉为“国之瑰宝”的“石门汉魏十三品”摩崖石刻。

【走读】

大西北的小江南

◎ 马亚红

巍峨秦岭、苍茫巴山之间，环抱着一片诱人的土地——汉中。从古至今，汉中都因地处要塞而备受关注。这里可以探幽，绚丽多姿的灵山秀水让人心旷神怡；这里可以猎奇，闻名遐迩的珍禽异木令人耳目一新；这里可以访古，星罗棋布的名胜古迹令人满目生辉。

在汉中，可以探访人类文明的行踪，可以追寻两汉三国历史的足迹，还可以感受英雄豪杰的气概。回眸历史长河，众多历史人物在汉中施展才华，留下千古绝唱。刘邦在这里成就汉家基业；诸葛亮以此为阵地，六出祁山北伐曹魏；张骞从故乡汉中远行西域，开始了丝绸之路；蔡伦在这里改进了造纸术，推进了世界文明；

俯瞰汉中南湖

张良功成身退辟谷紫柏山;李白、杜甫、李商隐、苏轼、陆游等文人骚客，以墨宝诗篇照耀着这片深情的土地。

一

陆游在《秋波媚·七月十六日晚登高兴亭望长安南山》中写道：

秋到边城角声哀，烽火照高台。悲歌击筑，凭高酹酒，此兴悠哉。多情谁似南山月，特地暮云开。灞桥烟柳，曲江池馆，应待人来。

石门

登上高兴亭（今汉中南郑），作者想到，灞桥烟柳、曲江池台那些美丽的长安风景，肯定会多情地等待收复关中的宋朝军队的到来。一个“应”字，强调了肯定语气。词中没有直接说到收复失地的战争，而是以大胆的想象、拟人化的手法，描绘上至“明月”“暮云”下至“烟柳”“池馆”都在期待宋军收复失地、胜利归来的情景，暗示自己所主张的抗金战争的前景。全词具有明显的浪漫主义情调，充满乐观主义的信念和胜利在望的情绪。

位于汉中城内的古汉台，是汉高祖刘邦立国之前在汉期间的王宫。汉王刘邦厉兵秣马，“明修栈道，暗渡陈仓”，平定三秦，建立西汉王朝，这出惊心动魄的历史剧至今仍被人们津津乐道。从此，汉中就与汉朝、汉族、汉语、汉人的称谓密不可分。如今，古汉台已是荟萃多种珍贵文物的汉中市博物馆，成了汉中数千年历史的缩影。

而褒斜道陈列馆和书法珍品“石门汉魏十三品”摩崖石刻，更以其珍贵的书法价值、科学价值和艺术价值，蜚声中外。“滚滚飞涛雪作窝，势如天上泻银河。浪花并作笔花舞，魏武精神万倾波。”曹操见石门外幽谷深滩中，石多浪激，飞流奔泻，银涛做窝，犹如白雪翻滚，豪情难抑，挥毫即书隶体“衮雪”二字于谷中石尖，以喻褒谷山水之美。飘逸俊挺的字迹，不仅表现了褒谷博大的气势，更显示了魏武帝宏阔的气魄与壮志。

拜将台

“天生我材必有用，千金散尽还复来。”汉中城南的拜将台（亦称拜将坛）是当年汉王刘邦设坛拜韩信为大将的遗址，也是“得人心者得天下”的历史见证，刘邦由此塑造了举贤任能的形象。韩信“登坛威望一军惊”，后来在战场上展示了驰骋天下的雄才大略，留给后世咀嚼不尽的风云故事。正可谓“不是寒溪一夜涨，哪得刘朝四百年”。

二

“山不在高，有仙则名。”悠悠岁月，紫柏不老。来到张良庙紫柏风景区，只见隐现于云海绿涛中的张良庙古韵苍然。在张良辟谷归隐的紫柏山野，云缠雾绕中似有仙踪可觅。这里峰崖竞秀，山洞媲美，泉溪交织，尤其是数十个形状各异、景色不同的凹形草坦相连，构成了一片无垠的草海，使紫柏山更加瑰丽、神秘，仿佛神仙洞府，可作逍遥游。

当智士骁将叱咤风云之后，汉中慈爱的大地接纳了他们。这里存有不少伟人的陵园墓地，规模较大的有武侯墓、张骞墓、蔡伦墓，此外还有李固墓、樊哙墓等。

出生于汉中城固县的汉代外交家张骞，远足西域开拓“丝绸之路”，完成轰轰烈烈的人生伟业之后，便魂归故里。他的墓地寂静、简朴，完全没有显赫名声下的豪华，历史在这里保留了自己的本色。只有两尊粗犷、质朴的石虎，在逝去的两千年里静静地陪伴着博望侯张骞。

清人徐乾健诗云：“策马龙亭日欲曛，江头遥见蔡侯墓。汉封遗迹空怜在，青史香标世共闻。”洋县龙亭镇，是中国古代四大发明之一——造纸术改进者蔡伦的封地及墓地所在。置身纸坊，观看古老的造纸过程，依稀可以体会当年蔡伦的辛劳。

“忠魂精神今安在，定军山下慰英雄。”武侯墓位于汉中城南勉县定军山下，是杰出政治家、军事家、蜀相诸葛亮的墓地。园内古木参天，曲径通幽，建筑飞檐翘脊，宏伟壮观。与武侯墓隔江相望的武侯祠，修建在当年诸葛亮来汉中屯军北伐的行辕相府故址之上。这里比成都武侯祠还早四十年，堪称“天下第一武侯祠”。大殿内诸葛亮塑像神态怡然，文武群臣庄严肃穆，楹联含义深邃。“大汉一人”，是对诸葛亮的讴歌赞美。如今，武侯墓、武侯祠已成为人们缅怀凭吊诸葛业绩的圣地。身临其境，当年蜀相北伐中原时运筹帷幄、治理蜀汉的情形宛若浮现眼前。

汉江

三

多少仁人志士，几许盛衰悲欢，都留在了青山绿水、深院幽廊之间，留给了风雨楼台、暮鼓晨钟。身处汉中这座历史文化名城，处处都能感受到历史的光芒，倾听到历史的回声。长江最大的支流——汉江，九曲回折，海纳百川，是汉中的母亲河，它哺育了汉中盆地灿烂的文明。汉江脉流密集，湖塘广布，涌动着激情，积蓄着能量。它们或宽阔浩渺，或小巧精致，或幽邃清雅，或野趣横生，滋养着汉中的土地，让这里成为“大西北的小江南”。

汉中，这片古老而神奇的土地，这片秀美而鲜活的土地，这片丰腴而厚重的土地，这片热情而开放的土地，数千年的时空传承，凝聚出自身独特的风格和深厚的内蕴。乘着西部开发的东风，汉中，正朝着保留古城风貌、加快现代化进程的方向迈进。

汉中，一座不一般的古城，因历史而厚重，因江水而灵动。它的过去、现在和未来都值得我们体味、关注与期待。

【胜迹】

游览建议路线

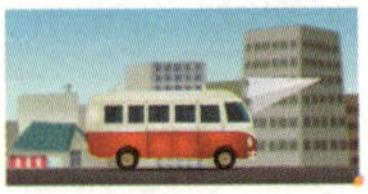

褒斜道 石门 张良庙 龙岗寺遗址

汉中名胜分布示意图

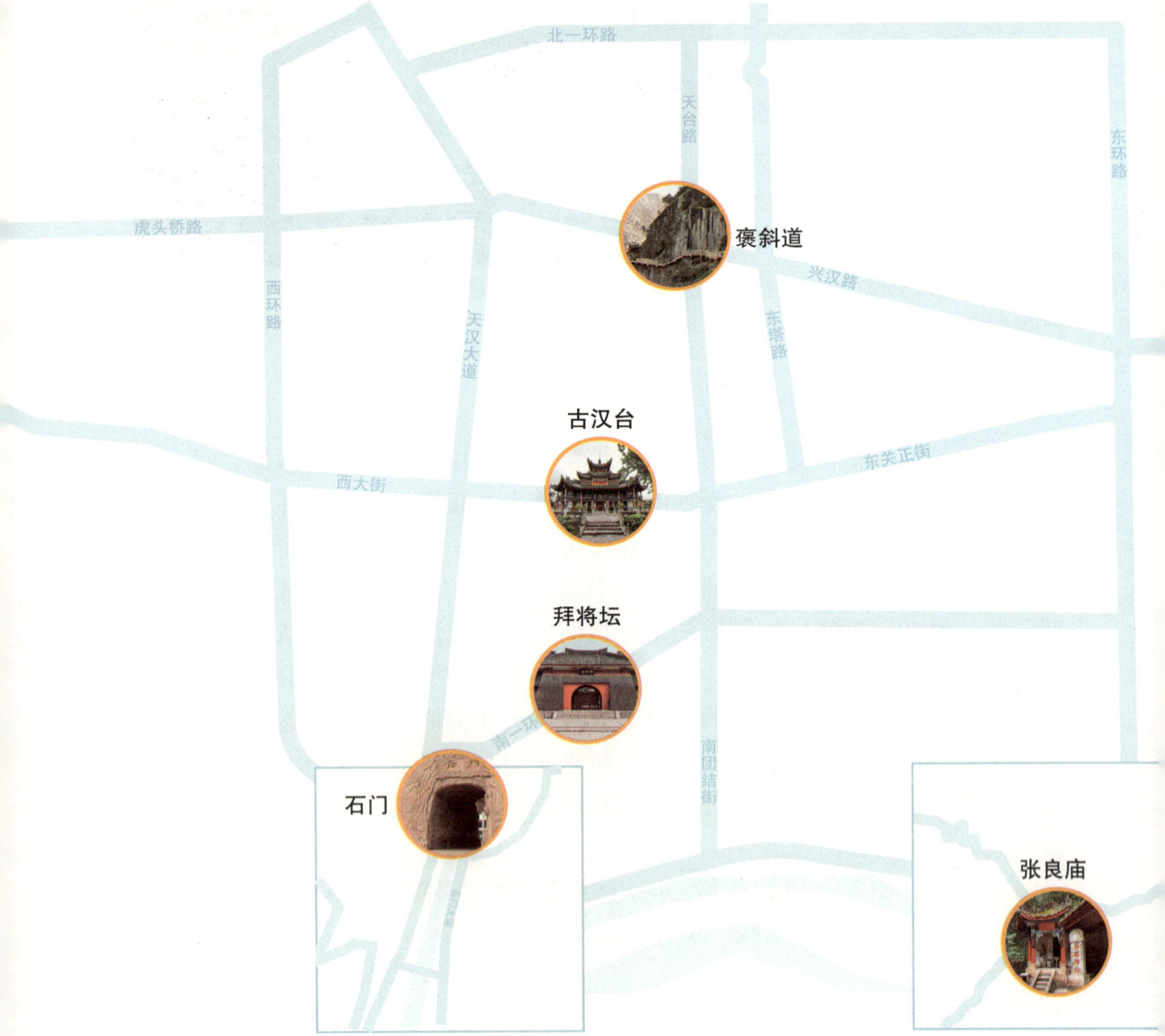

高祖本纪（节选）

【汉】司马迁

司马迁 像

高祖曰："公知其一，未知其二。夫运筹策帷帐之中，决胜于千里之外，吾不如子房。镇国家，抚百姓，给馈饷，不绝粮道，吾不如萧何。连百万之军，战必胜，攻必取，吾不如韩信。此三者，皆人杰也，吾能用之，此吾所以取天下也。项羽有一范增而不能用，此其所以为我擒也。"

书　愤

【宋】陆　游

陆游 像

早岁那知世事艰，中原北望气如山。
楼船夜雪瓜洲渡，铁马秋风大散关。
塞上长城空自许，镜中衰鬓已先斑。
出师一表真名世，千载谁堪伯仲间。

留侯论

苏轼 像

苏轼根据《史记·留侯世家》所记，把张良圯桥受书及辅佐刘邦统一天下的事例写成《留侯论》，论证"忍小忿而就大谋"策略的重要性，苏教版高中语文选修《唐宋八大家散文选读》收录了该文。

蔡　伦

蔡伦 像

永元四年（92年），蔡伦任尚方令，利用供职之便，改进了造纸术，使造纸术成为中国古代四大发明之一，为人类文明做出巨大贡献。

【名篇】

汉中杂记

◎ 贾平凹

张良庙记

汉中城北山高沟大，二百里深处有个留坝县，多不为人所到；出县城再往北四十里，是张良当年退隐处，更不为人所知。连绵的山峦一直排列到此，突然错落开来，向东一折，再往北甩去，窝出一个四院式的山坳。坳边山石如蹲如卧，堆砌隆起，万般姿态像人工精心设计了似的。山石皆乳白色，凿之便为字壁；上有异竹，碧青青的透着紫色，一律出地一尺，便拐一个弯儿，又端端向上。山石下，多有细水，在竹石之中隐伏，悄然无声。往后就是崖壁，仰视不可见顶，全被古松遮掩，半腰又卧了白云,使人不知崖的巉峻,不知涧的深浅。楼，亭，台，榭，依山而筑，却尽藏在绿里，只浮

张良庙

出一檐半角；人进去，便不见身影，坐下静听，唯有鸟鸣数声。此山坳好在偏僻，被张良看中，但也亏在偏僻，不被世人看中。据说留坝县的书记，历来最难委任，任了又多不待三年五载。书记当官尚且如此，何况一般人呢？故几千年来，多不被人赏识、游览。如今都说山林野外幽静清净，空气新鲜，但人又多想方设法挤向城市，一旦在城市烦嚣甚了，想见山水，修起公园，但那么一块假山假水，又都蜂拥而至，又是十分烦嚣。可见人是图热闹的动物，常要舍其本，求其末，为时髦而驱动。站在山坳怅然良久，便写下这段文字，为张良庙山坳做广告，以白天下。

张良庙景区小径

拐杖记

从张良庙再往深山走，有一个镇子，说是镇子，其实十几户人家而已。镇上有一作坊，专做拐杖，远销国内好多大城市。游张良庙时，夜宿在镇上，与作坊一老者谈起，他说："这里没有什么值得稀罕的，只有产这拐杖。因为山深草莽，多长有荆子木、栒子木、鸡骨头木，这些杂木荆棘，不可能成材，但它们不择地而生，风吹、雪压、缺水，耐是都耐过了，却可怜几十年再长不成一握粗。这么荒荒落落，自生自长，木质倒也十分坚硬，正好能做拐杖了，又多有弯根、斜枝，以木形而做，扶手把上就可雕龙、刻凤，鱼、虫、花、鸟，随意着刀就成了。拐杖做出后，无意拿进大城市里，立即被人抢购，这使我们深山人万万没有想到。我们大多数的人从未去过大城市，不知道你们大城市的人竟这么喜爱。想想，大城市的人到了一定年纪，是不是都肚皮过肥，腿骨酥软，这拐杖便是第三条腿了。你们有的是钱，担心的是寿，咱们深山的人却总是钱少，就多亏了你们这么周济了我们。你可回去后写写文章，说我们会记着你们大城市的人呢。"于是，我遵嘱将老者的话写在这里，让所有大城市的人都记着老者的话，当大腹便便地拄着拐杖悠悠散步的时候，也

张良庙景区一角

都记着支撑臃肿身躯行走的这第三条腿，其实是深山里那些几十年无人知晓的杂木荆棘。

火水火鱼记

汉中城内东南角，有一湖，小极浅极，称池方宜。水却清澈异常，叶落进去终不沉底，水面也从未见过轮状的、网状的纹，平平静静，像一块圆圆的镜子。站在西边，就可照出东门方面的屋舍；站在北边，又可照见南门方面的楼台。有着日头的天气，可见鱼在水底，并不大的，黑着脊梁，像时兴酒杯底的花鸟，又像玻璃匣中嵌的标本。才一俯身，身影铺过去，鱼儿突然面散，再无踪迹，水面依然不动，白亮亮仍是一面镜子，倒会疑心那鱼儿是天上的鸟儿飞过的影子。这湖已不知哪朝哪代形成，一直都有着鱼，但从未见过鱼长大，历史上东门南门都曾有过好多次火灾，火灾一起，人就舀湖水去灭，总是湖涸了，鱼也死了。但不久，天并未落雨，湖水却满了，湖里也却又有鱼了。这样湖涸了又溢，鱼死了又生，一直到了今日。今年三月，我到这里，本城新县志编辑室的一位老赵又说起这事，直道这水儿出奇，鱼儿出奇，要我给这两种生灵起个名儿。我说，此水明知救火自亡，偏要蓄存，这是好水；此鱼情知水不久存，偏生于此水，这是好鱼。鱼有水方活，水有鱼不腐，全为着一个火字，天下每个城的门口都有这么种水和鱼，火灾就不可怕了，取火水、火鱼最好。老赵说：妙！遂在新县志中记之。

水墨汉中

◎刘　诚

仲夏某日，从宁强回汉，取道勉宁高速。时近傍晚，一天的大雨停了下来，天空却更见阴郁，空阔的山谷中，塞满了浓浓的雨意。车道青青一色向前面延伸，如同两条向上平铺的织锦，奔走着流畅的弧线。两旁水墨色的山峦，衬着傍晚明亮的天光，一座一座向后退去。车不甚多；偶尔有一辆豪华大巴，从我们一侧的快车道上一闪而过，尾灯暗红的色块在暮色里明灭；而灯光所至，两旁的光标，如同两条光芒的虚线一直投向远方，像是镶嵌于大地的四条金边，十分醒目。飞蛾和蚊虫，从四面八方的山谷野地趋光而来，在车前的光柱里狂热翻飞，完成生命最后的舞蹈。

美丽的汉中山水

这就是汉中，我们置身其中的空间。呈现在眼前的山川风物，实在就是一幅水墨的画图。这画图笔法素净，广阔深厚，气势恢弘。这样的时候，再浮躁的心，也要安静下来思量万事。

恰恰是处在社会底层的普通百姓，最早注意到秦巴山地之间这块不大的川道。在古代中国，汉中是相邻地域人们躲避战乱、争相移民的首选目标。汉中百姓也曾被政客们大批迁往北方，或因遭逢战乱而成群流奔巴蜀，然而后继者还是从四面八方源源而来。在中国历史上几个长达几百年的著名乱世里，汉中实际上成了离中原最近的战争难民避难所和收容所。这片以“汉中”二字标志的大地，以宽广的胸怀，接纳了四面八方的人们。漫长的汉江河谷和穿越秦巴山地的七条栈道，成为逃难人群进入汉中的主要通道。汉中地域不大，又被大山重重包裹，大尺度的地理阻隔，艰难的行程，令人望而生畏；除非战争的特殊需要，统治者往往疏于控制；而汉中事实上又非常富庶温润，无疑为剧烈社会动荡驱赶的人们，提供了一块难得的可以信赖和托付的生活空间。难怪东汉末年道教宗师张鲁割据汉中长达30多年。这里，山川秀美，土地肥沃，四季分明，物产丰饶；人祸不多，而天灾更少，实为普通百姓避祸隐居、安居乐业的最好所在。在汉中的生活，就是在图画里的生活。人走在汉中，就是走在画中。士农工商，缙绅官吏，贩夫走卒，三教九流，凡汉中人物，皆画中人物；连罪恶和苦难，也带上了一抹梦幻的轻淡和诗意的空灵，成为这水墨画图里颜色厚重的部分。这里，北山雄而南山秀，无论南北，都能看到一座座远山，像是两排淡墨色的巨大樯橹排列在平原尽头，又像是两排向上安放的锯齿；走进任何一条山谷，都有清澈的流水滚过山石，冲击着天籁的音响，最后汇入汉水河谷，直奔江汉平原而去。天空永远瓦蓝，云朵永远洁白，边缘清晰。平原上到处是谷物与荷花，一座座村落安坐其间，拓开一片富庶与安宁的田园景象。而这一切，又为汉水河谷的一片苍茫所笼罩。如此保守和自足的生活，与这样的地理空间，乃是非常般配！

汉中一方山水，似乎也承受住了近30年来高速发展的压力，在生态环境几近崩溃的当代，庶几为370万汉中人留下一方可以安身立命的宁静和清纯！抚今而追昔，焉知非福？

每一个时代，都有属于自己的一份诗意和美感，无论它的生活是多么严酷和动荡。得天独厚的地理条件，使汉中人更多地得到了生活堪称美好的那个侧面。汉中人的巨大耐受力，表现在总是能够把那些被称为苦难的经验，化解在对于生活的精细享受之中，使它们在质地和密度与量的大小上，至少变得能够承受。久而久之，便培养了面对生活的诗意态度。汉中的山川，终不似北方大地那样苍凉、壮伟、辽阔，却也不似那样萧索、干枯、空寒和寡淡，乃是丰腴温软，淡而有味；有一种安静和阴柔，有一种信笔所至、随意挥洒的自由和灵动。活动在这里的人们，爱吃爱穿爱玩，实实在在做人，快快乐乐生活，自由自在做梦，活得舒展自在；汉中女儿尽得山川灵气，清纯、美丽、灵秀，无论城乡，自带几分仙气；也许不似大都市美丽仕女的富贵雍容，却无不钟情而敏思，智慧而勤劳，清纯脱俗艳而不妖，自有一派非凡的识见和气度。梦幻的、写意的、空灵与至美的空间特点，也赋予汉中诗人以独特的浪漫气质。在今日的汉中，固然不可能产生纯浪漫主义的诗人，但也不可能产生纯而又纯的现实主义诗人。汉中大地山无不青、水无不绿的细腻与温润，与密如繁星的两汉三国及道教文化遗迹密密地交织在一起，其独有的地理文化氛围，已经在骨髓的深度上进入了汉中诗人的生命，构成了他们完全不同的生命类型。这里的山川风物，每每刺激着诗人的神经，启发着诗的灵感，因而在他们的作品里，世界呈现出迥然不同的面貌。浪漫并不是什么罪恶，不过是一种气质类型的指称；作为主义，浪漫或许可能过时；作为一种天性，却必将伴随生命永存。这里的诗人虽居内陆腹地弹丸小城，眺望的目光总是被秦岭和巴山的山峦阻断，却多活动在时代文学前沿，从不以诗界文场宗派林立的江湖险恶为念，与地理空间的此种独特设定不无关系。

汉中的文化气质，归根到底与巴蜀和荆楚文化有一种根系上的归属，而从根本上与北方文化相背离、相抗衡，从而使自身轮廓得以凸现。在以黄土文化为主体的陕西，执意在文化里保存一个梦幻的南方，这就是一个汉中诗人的命定，而我做得还远远不够。

山水入室

◎王　蓬

人的喜好常随其性格，其实也是和经历相关。我于10岁左右随家定居汉中乡村。后来学地理知道，这儿被称为秦巴山地，就是在秦岭与大巴山之间，由发源于此的汉水冲积出来的一块宽约20公里、长约百公里的狭长平原，所以也称这儿为汉中盆地。我所居住的村落正好在盆地的边缘，面对丰饶的原野，背靠雄伟的秦岭。而且，我所在的村落距被誉为“蜀道之始”的褒斜谷南口仅数华里。

可以说，只要在这片土地上生活，没有不和大山打交道的，所有的孩子几乎从上小学开始，便需在星期假日进山扯猪菜、割柴禾、捡牛粪、掰春笋；之后，回家务农，春季采青肥、伏天割牛草、秋季拖毛竹、冬日拉柴禾。那些年月，也不知在古褒谷奔波了多少个日子，以至对沿线山形水势，村落古镇都熟悉得如同邻居，那些倚山临河的驿道古镇，高低参差的青灰瓦屋，麻石铺就的狭长街道，由赤变黑的铺板门面，家家门前悬吊的黄苞谷、红辣椒，石

俯瞰汉中盆地

磨石碾、长镢宽锄，屋顶盘绕不散的炊烟、门前蹒跚哼哼着的肥猪，在泥水中跑跳的孩子……再是两岸无言伫立大海波涛般铺向天边的山峦，始终奔腾不息日夜喧哗的一河褒水，构成一种几份独特几份神秘又千古如是的画卷，总也让人猜测不透、阅读不尽！

自然还有生活在其中的人物。古褒谷由于亘古便为南北通道，每遇战乱，各省人都进山避难，真正五方杂居、回汉交融。任何一处山镇，细查总有十数省人后裔，百人百姓，生计艰辛，加之山高皇帝远，户族无约束，形成种种奇风异俗，一妻多夫、招夫养夫、搭干亲、认干娘、亲上套亲。常是一个镇街、整条山沟都是扯皮亲戚，有难共当，有福同享，把大山区那严酷孤寂的日子打发过去。

给我留下至深印象的还有山区独特的景色。最好当然是春天，先是向阳山坡现出淡淡的鹅黄，高山上的冰雪融化，潺潺的溪水开始哗哗奔窜，且日渐呈蓝；阳光有了热力，照在水汽氤氲的山坡，先是峭拔的山崖开出几枝妖妖的山桃花；接着漫山遍野的野花都争相开放，二月兰、白头翁、紫苏叶、野蔷薇、金丝娘……多得让人叫不出名字，最盛是杜鹃，也就是映山红，从山脚一直开到山顶，真是映得天也红了，地也红了！夏季山区最大的特点也最让人怀念的是凉爽！任是盛夏酷暑，热得你无处躲藏，热得让你心烦。只要进入山区，满眼青绿，凉风扑面而来，立即让你浑身清爽，尤其早晚，不仅要穿长袖衣衫,还得加上背心之类。有几年夏天,躲进秦岭深处张良庙写作，不止一次沿早年的古道攀缘山岭，踩着驼印马蹄犹存的青麻石阶，拨开蔓生的杂树野花，蜜蜂在头顶嗡嘤，蝴蝶在身边翻飞，加之鸣溅的溪水，此种情趣只能徒步才能获得。至于攀上梁顶,涧谷丛林俱收眼底,白云飘浮清风扑面，真正如临仙境。

秋天也并非完全林寒涧清，一片肃杀，更多还是五彩斑斓，野菊飘香。沿河谷成熟的大片包谷，当然免不了要遭野猪践害，于是每个夜晚号棚里都火把闪闪、竹梆声声，吆喝声此起彼伏。当年野猪归为害兽，不时有出色的猎手击毙肥壮的野猪，如果烹烧得好，肉质多精瘦且很鲜美。大山的怀抱是野果的世界，猕猴桃、野葡萄，再是核桃、板栗，漫山生长，只要手脚勤快，不怕劳累，一天下来，准定成篓成筐，大有收获。

即便冬日，沿着褒谷进山，印象至深是褒水改变了模样，没有了夏秋之际的汹涌澎湃和赭黄，更没了突降大雨的狂暴。我曾目睹过这样的情景，头顶明明蓝天红日，一派晴朗。由于秦岭深处突降暴雨，洪水涌来，城墙高的水头猛扑下来，惊涛拍岸，水雾接天，轻易就横扫了河边几户农家，满河谷

都飘着圆木、家具，还有瞪着眼睛的肥猪……

冬天，这里却好像什么也没有发生过，一河褒水是那样潺湲青绿，在褒谷甩下一个又一个的深潭，水墨绿墨绿，深不可测，让人以为水没有流动。这时的褒水随地都可为渡口，只要横拉一根结实的麻绳或铁丝，系于两岸巨石，人便可站立在桐木筏子上拽着绳索往返了。看似优哉游哉，其实也有掌握平衡的技巧。我第一次撑筏，人刚上去，立足未稳，手尚未抓住铁索，木筏便哧溜一滑，人立刻落进水中，幸喜岸边，水还不深，但大冬天，衣裤皆湿也狼狈不堪……

这样的日子几乎伴随着我整个青少年时期，更伴随着十多年的务农生涯，直到1982年离开农村，进城、进京、进鲁迅文学院与北大首届作家班前。故而，秦巴大山几乎成为我阅读不尽的一部大书，一块用之不竭的生活源泉。至今为止，不仅几部中短篇小说集，两部长篇小说《山祭》《水葬》是以秦巴大山为背景，几乎用了10年完成的60万字的《山河岁月》也仍然是以穿越秦巴大山的古老蜀道为写作对象。秦巴大山已成为心中挥之不去的情结。

如今安居城市，但过不了许久，就郁闷烦躁，坐立不安，渴望一片山水。幸而在乡间还有处房舍，是20世纪70年代初全家节衣缩食修筑的，我亲手用夹板筑就的土墙就厚达70公分，地道的陕南乡村农舍。尽管近年四周农友的新式小楼皆拔地而起，我却舍不得拆旧建新。

不仅为逝去岁月情牵，还在于实惠……

【今作】

拜将台怀古

◎ 王新文

汉中拜将台，和汉朝淮阴侯韩信密切相关。对韩信崇拜有加的我，在一个春天，携裹着风雨而来。

淡雾笼烟，细草颦眉。微寒的天气，鸟儿蜷缩在窝里，瑟瑟发抖。然而，旱莲树的花朵早已含苞待放。我深深吸口气，那欲吐的花蕊，溢出幽幽淡淡的馨香。

“留此一抔土，犹是汉家基。”我漫步残存的古汉台，难觅旧事。唯有曾被深埋的石碑上，寥寥写着当时的日志，让我的思绪依稀回到过去。去岁的枯叶还在墙角翩翩起舞，而今春的白玉兰也将盛开绽放，冬青翠玉般的颜色，托起我有些迷茫的双眸。八角玲珑的望江楼上，诉说着一个古老而久远的故事。千军振臂，万马长嘶，鲜艳夺目的旌旗，在空中猎猎作响，原是“胯下之徒”的韩信在此受帅。广阔的汉江平原，富饶美丽的山川大地，锁不住野心家的眼睛。“明修栈道，暗渡陈仓”，汉家大军如洪水般自秦岭涌出，旋风般横扫三秦，最终弱汉胜强楚，项羽兵败乌江，汉家四百年基业自此奠定。

这台是拜将台，这筑台之人是刘邦，这受拜之人是韩信。刘邦的拜将为他换回

韩信碑刻

远眺拜将台

了大汉天下，韩信的受拜让他成为名垂千古的帅才。刘邦因萧何而得韩信，但刘邦不看好韩信，韩信走，“萧何月下追韩信”。后刘邦拜韩信，使韩信得以改变世人对他“胯下之辱”的偏见，也使韩信得以实现带兵“多多益善”之志愿。天下归汉，刘邦非“苟富贵，勿相忘”之人。韩信被逼造反，然终为萧何、吕后所杀。真是成也萧何，败也萧何。英雄将死，仰天长叹：“生死一知己，存亡两夫人。”唯有那饥饿时给他东西吃的漂母，才是无欲而赐的至善之人。

除韩信后，刘邦一统天下，于是那个刘邦曾经屈居的汉中以及拜将台，成了人过留名的空城。在数千年的岁月里，只剩下一段为后人所评论的功过是非。面对这拜将台，我参悟生命。至于这坛和坛上的故事，在千年的历史里已被抹杀得只剩下了弹指一挥的尘埃和文化赋予的残壳。而我也将在这残壳面前，用那份“行到水穷处，坐看云起时”的坦然，面对自己的未来。

汉中这座城市无法和古长安相比，但刘邦却是在这白手起家的。如果没有刘邦其人，或者他只是守卫汉中这块土地的藩王，又或者他最终被项羽消灭，大概中国历史上就不会有汉朝这个当时的“东方第一大国”了。汉中这个山色秀美、绿水长流的地方，也许连上苍也在眷顾吧。你看那绿的水稻、黑的水牛、茂密的修竹、暗藏的茅舍，以及飘满古镇的茶香，真让人乐不思蜀。

望着这温软柔和的春雨和雨后青山岭上的云雾，我不知道有几个人记住了这山、这岭，但我知道自己一定不是第一个。

汉江依旧，柳发新芽，粉红的桃花笑逐颜开。我漫步汉江堤，踟蹰留恋，而浩浩荡荡的江水，从未停息过自己的脚步。

王蓬（1948—　）

汉中市文联主席、作协主席、陕西省作协副主席，著有长篇小说《山祭》《水葬》，中短篇小说集《油菜花开的夜晚》《隐秘》，散文集《乡思绵绵》《京华笔记录》《山河岁月》等。

随风直到夜郎西

贵阳

【图说】

贵阳，春秋时期，属柯国辖地；战国时期，属夜郎国范围；两汉时期，属柯郡；唐朝，中央政府在乌江以南设羁縻州，贵阳在当时属矩州；宋朝，更矩州为贵州，这就是贵州一名的最初使用；明时，因在贵山之阳，故改名贵阳府。

贵阳市是贵州省省会，位于中国西南云贵高原东部，是我国西南地区重要的中心城市之一，是贵州的政治、经济、文化、科教中心和西南地区重要的交通通信枢纽、工业基地及商贸旅游服务中心，被誉为“高原明珠”。

贵阳冬无严寒，夏无酷暑，树木常青，四季如春，其名胜古迹有黔灵山、甲秀楼、文昌阁、扶峰山、花溪公园等。

【走读】

寻访老贵阳

◎玛 雅

寻访老贵阳的心思起源于友人在贵阳度春节后的炫耀:"这个城市太舒服了，简直不想回来，推窗见山，空气又好，小城市，出门和人都相熟，全然没有一点儿生活压力。"

是吗?一个黔中山城,古代的夜郎国旧地，它的今天，它的传说和现实，它的想象和真实，奇妙地混合在来客的言谈中，让我神往不已。那将是完全不同的西南文化的体验。古人对地处边陲、交通不便的贵州有许多猜度，这里很多时候更像是一个封闭的地域符号。而今，几乎没有什么地方仍旧能够维持神秘和原生态，这样的努力也常常让人感到悲壮和无奈，何况是个40年代就已经如此繁华的城市呢?如此去寻访一个老贵阳，是否会让人失望?

贵阳老巷

贵阳：开门见山

关于山景的话题，友人的话很快就得到了验证。“开门见山”是别的城市不常见的特色。

贵州居群山之中，各地冈峦起伏，山岭重叠，贵阳城区虽已拓为平冈，但坡度倾斜难免。贵阳是没有自行车的，跟重庆、青岛等城市一样，街道起起伏伏，房子依山而建。如果我告诉路人，我中学的时候每天要骑车40分钟到学校，他是否会觉得不可思议？

阳明祠

友人推荐东山阳明祠。东山是个方位概念，确切说来，我们所在的是东山之右的扶风山，又叫“螺丝山”。扶风山半山上有扶风寺，左边是王阳明祠堂，右边是尹道真祠。400多年前，28岁得中进士的王阳明因得罪朝廷权贵，受到贬谪。他一路躲过追杀，到达了谪居地——贵州龙场驿，也就是今天的贵阳修文。他历经宠辱，苦苦思考生命的意义，终于在“龙场悟道”，把成圣成贤的努力转化为领悟生命的终极意义，从而发现了生命存在的内在价值，以儒家为本位，建构起了自己的心学体系。在王阳明影响下，贵州不仅出现了大规模的书院讲学活动，更形成了地域性心学学派——黔中王学。夜晚到阳明山来喝茶是非常惬意的一件事，最好是月圆之夜，山色朦胧、月明星稀之时。

爬上山顶，俯瞰贵阳城，四周一个个低矮的绿色小山包被房屋分割开来，密密麻麻的楼群和街道就建在下面一片低缓的、拉长的平地上。我想，在漫长的时间里，人们一定有意无意地、一点点“啃”掉了不少这样的小山包。

贵阳的人和生活都带有“山间”的特征，清净又自成一体，需要的和输出的，消化和吸收的，基本平衡，不疾不徐，规模和节奏都刚刚好。虽然听到他们在抱怨“浮躁”，因为些许的波动他们都受不了，殊不知，大多数城市已经比浮躁走得更远，游走在冷漠的边缘。

达德书院：心远地自偏

达德书院坐落在闹市区，高高的台阶上，一位老先生靠着大门，昏昏然发呆。院子里，地上落满紫色梧桐花，仿佛整个人都浸透在淡淡的芳香之中。现在的书院已是一个集戏院、书店和茶馆为一体的休闲地。

无论是过去还是现在，达德书院都是贵阳精神气质的体现。1894年，全国各地习洋文、学格致的风潮四起，地处西南一隅的贵阳也办起了一座经世学堂，在全省选录高材生，以新学来培养年轻的一代。康梁变法失败后，经世学堂虽然被解散，但曾在其学习过的黄干夫邀约了一批志同道合的朋友在贵阳城中的忠烈宫办起了达德书社，后更名为“达德学堂”。学校较早办了女学和新学，也较早派人出国考察和派遣留学生。达德书院在那个时代是贵阳文明的标志，它涤荡了山城贵阳人心上的蒙昧，打开了一扇看外面的窗户。

我们坐在达德书院的院子里喝茶聊天，一会儿又到旁边的书店去翻翻书。开水瓶是放在桌旁的，可随意添加。“好学、力行、知耻”的校训，仍旧高高挂在达德书院的屋檐下。放学后的孩子们在廊间檐下嬉戏。夜幕初临，一道不高的院墙外是灯火迷离的现代都市；墙内，丝竹声声，琴弦轻抹，一杯清茶，就可以不知今夕何年。

友人说：“城市是一座容易迷失方向的森林，而达德书院则成了森林间的一汪清泉。在这里，你可以从中午就来坐着喝茶、看书、发愣。咫尺之外的车水马龙，很容易就被抛得很远。”越过古老的飞檐，看着贵阳高高的蓝天、变幻极快的浮云，你就可以知道“心远地自偏”说的也许就是这一刻的心绪。

南明河·花溪：山河美景

南明河绕贵阳城西南，穿城而过，呈“U”字形。20年前，南明河沿岸的居民全靠这河水淘米、洗菜、洗衣，孩子们在河里游泳、捉鱼，坐着汽车轮胎从上游顺水而下。

南明河附近的街巷和建筑见证了岁月的变迁，埋藏着许多生动的记忆。政府不久前搬迁到新区，于是，附近的蟾宫巷、民族巷、六洞街等一些老巷子已经黯然退出了贵阳的城市生活。一些城市的符号风化在时间的熏风中，一些新的城市符号正张扬着它们的生命力。

天气正好，桥边绿树成荫，许多老人们聚集在南明河周围，他们的童年就在这条河边度过。此时，我们正穿过阳光下一地微微晃动的迷离树影，让人有超出时间束缚的感觉。

穿城而过的南明河

沿着南明河，往上游走去，可以到离市区十几公里的花溪。这条路径在几十年前已经存在。花溪，是一个诗意的所在，不仅因为它有清澈碧绿的河水，还因为这里的自然风景秀美，民族风情独特，人文遗迹众多。也许因为有了这样的水，才有了这样的迷人景致，水与山林、建筑、人文完美地融合在一起。初春，在花溪旁民居的门楣上常常可以看到“花溪春早”几个字。在春寒料峭的时节，虽然说话时还会有雾气呵出，但黄色的迎春花和粉色的桃花在向阳的山坡上已经灼灼开放。

花溪的夜晚看星星，繁星灿烂，似乎伸手可及整个星空。“花溪小憩”则见证了文学巨匠巴金的爱情。巴金和萧珊的爱情曾打动许多人，读者从巴金的《怀念萧珊》《再忆萧珊》里读出了相濡以沫的深情。1944 年，巴金和萧珊在贵阳郊外的“花溪小憩”结婚，贵阳荣幸地成为这段爱情的见证地。几十年前的一个夏夜，巴金是不是也携着新婚妻子萧珊的手，一同仰望星空呢？

如同其他中国城市一样，贵阳也在激烈的蜕变。从早年的“西南军工第一城”到今日的“林城”，它也在彷徨和摸索之中。人终究不会像风景那样蜕变得极快，所以，让人们的记忆在一些实实在在的物质上的留存，哪怕只是用于缅怀，也就很好了，毕竟，谁也挡不住流水东逝。寻访老贵阳，我们从“现在”体味城市的“过去”，眼前的风景变得厚重和立体，也许，还可以看到它的“未来”？

游览建议路线

黔灵山 · 甲秀楼 · 文昌阁 · 扶峰山

贵阳名胜分布示意图

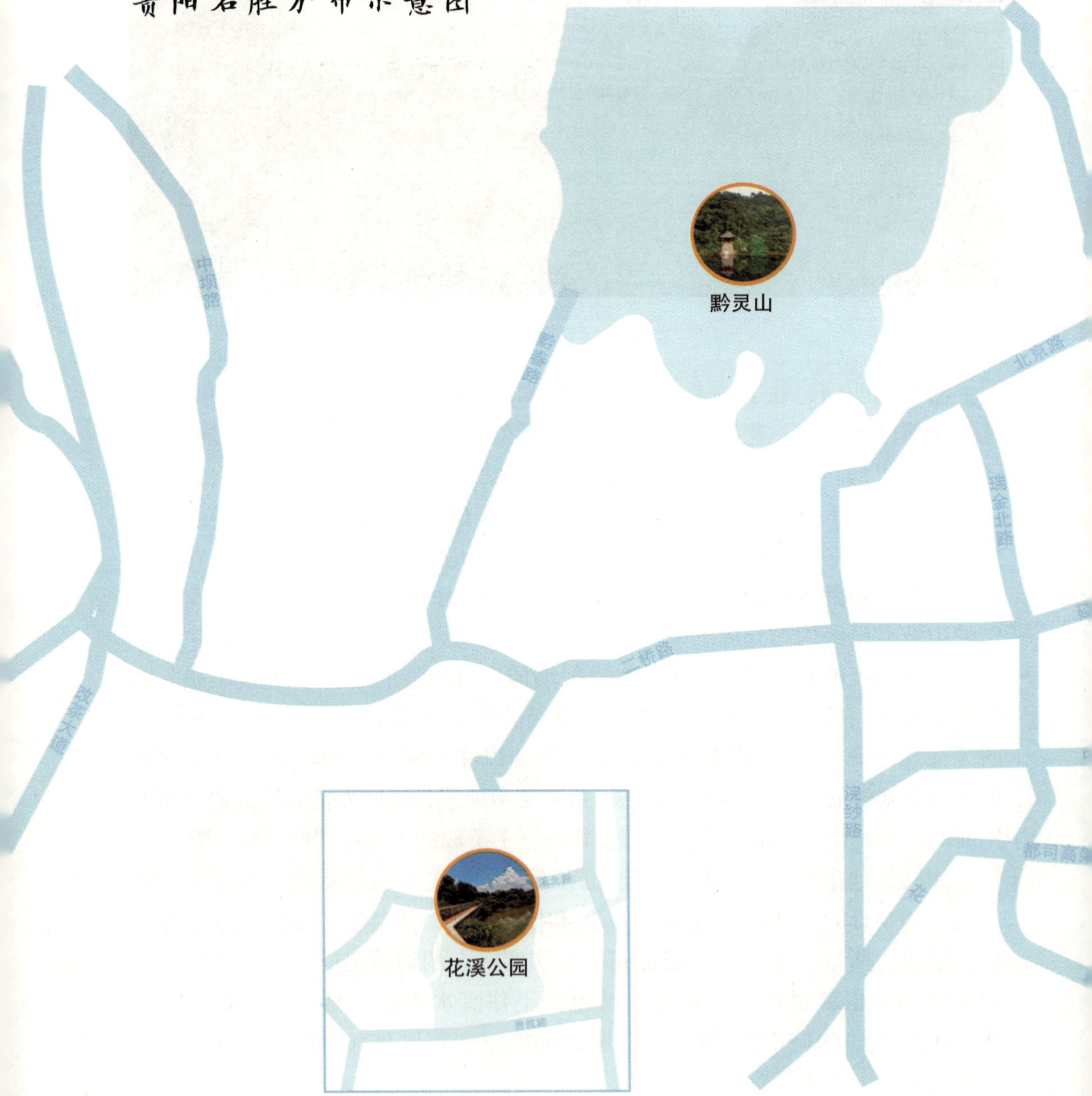

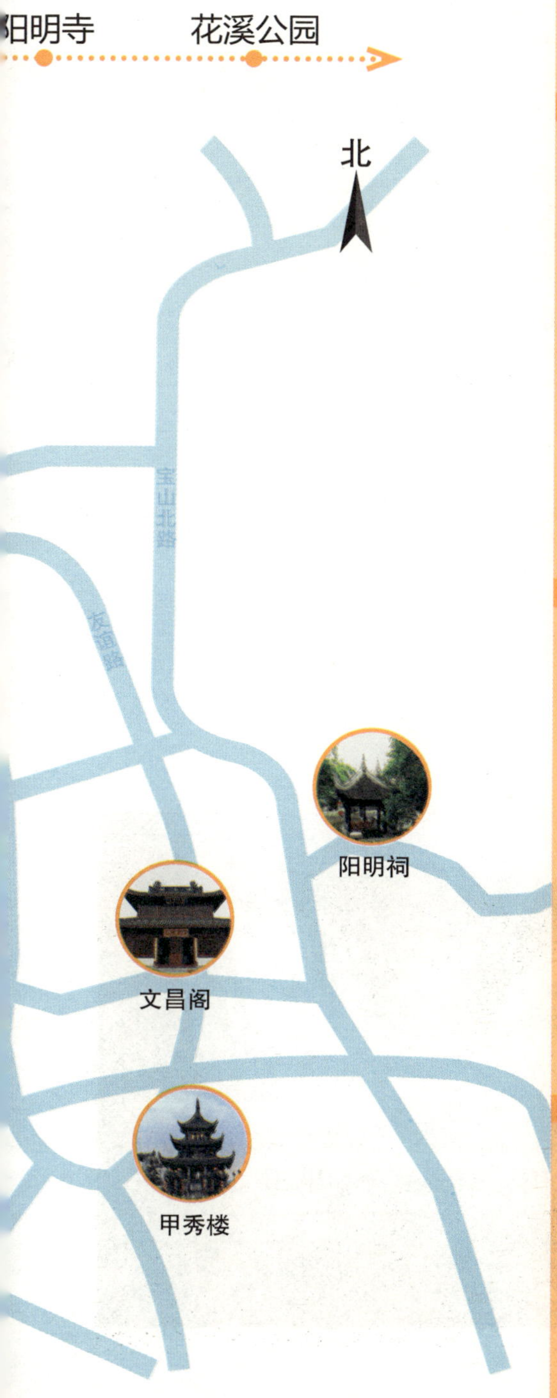

黔驴技穷

柳宗元 像

贵州简称黔，因其地有黔灵山和黔灵河而得名。黔灵山和黔灵河大部分在贵州贵阳。“黔驴技穷”出自柳宗元的《黔之驴》，被选入人教版语文七年级教材。

夜郎自大

司马迁 像

夜郎是汉代大概位于黔西南的一个古国。我们熟知的“夜郎自大”这个成语来自司马迁的《史记》。原文是：“滇王与汉使者曰：‘汉孰与我大？’及夜郎侯亦然。”这样，“自大”的名声也就落在夜郎头上。李白曾被流放到夜郎，度过了一生最困苦的岁月，但也留下了熠熠生辉的关于夜郎的诗歌。

阳明祠

王阳明 像

阳明祠坐落在贵阳市区扶风山，始建于清嘉庆十九年（1814 年），与相邻的尹道真祠、扶风寺共同组成环境清幽、景色秀丽的扶风山风景区。清代西南巨儒郑珍曾赞之为“插天一朵青芙蓉”。此祠为纪念王阳明于贵州龙场悟道的事迹而建。祠内殿廊相接，林木郁郁葱葱，清幽宜人，诗文碑刻甚多，文物荟萃，引人注目。

闻王昌龄左迁龙标遥有此寄

【唐】李 白

李白 像

杨花落尽子规啼，闻道龙标过五溪。
我寄愁心与明月，随风直到夜郎西。

【名篇】

天下之山萃于云贵

◎ 钱理群

聚山万座成一国或曰："开门见山。"你如是黔人，对此语自有切身体会；你如是远方的客人，一进贵州，扑面而来的就是山。曾为贵州巡抚的田雯所写的《山水》，有人读了此文引发了如下感慨："黔阳山水，奇者神运鬼工，使得列置中州，韵士高流，骖屐者当无停晷矣。以逖在荒陬，不获齿遇，方幅山灵，亦若有不幸矣。"大有为贵州的奇山异水抱不平之意。山外人少知，视贵州为蛮荒之地；黔人生长于斯，自不觉新奇，又以地处苗区，贫瘠落后，外出也羞于提及，说起"地无三里平"，也就颇含贬义。但随着"开发贵州"之说日盛，人们开始有了新思路。有不少学者都指出，开发

奇特的贵阳山水

贵州乃“山地之国”

的前提是正确地认识贵州的“省情”，而贵州乃“山地之国”即应是讨论的出发点：“在贵州，人类生存与发展所必需的一切物质资源、生产生活条件，都是由这个山地所提供的，这是贵州文化生成的根本和基础，是贵州人赖以生存的物质依托，山与贵州实在是有着至关重要的生命联系。”《山崖上的守望》就深情地谈到了一个山里的孩子对于山的生命感受。于是，就有了“贵州文化是‘山地文化’”之说。

战国后期庄蹻这发现贵州的“第一人”寂寞地逢山开路；汉代开夜郎道，发巴蜀兵卒上千、人夫上万，用了近二十年的时间；明代大修驿道，死伤、耗费更不知凡几。先民用生命与血汗，筑成了这一条条城镇之间、城乡之间、村寨之间的大道小径……贵州人就是这样世世代代攀缘在羊肠鸟道上，求生存，求发展，用意志与辛劳与自然抗争、与命运抗争的啊。山道长漫漫，它又唤起了多少想象：当年是何等的人物行走在这贵州道上！“莺花夹道惊春老，雉堞连云向晚开”，正赴贬所龙场的王阳明，遥看前路，苍茫无尽，眼前所见雉堞、夕阳，还有楼台、暮角，皆是唐代边塞诗常见意象。“健儿撒手忽鸣炮，惊起群山向天叫”，以翰林编修的身份出点云南乡试的林则徐，仕途正顺，心中没有阴影，初入黔中，山水的奇绝，自让他豪情满怀，兴奋不已。“岭断舟横渡，波回浪拍天”，已任大定知府有年的黄宅中，对贵州山道早已习惯，故

梵净山蘑菇石

心境平静，对沿途山水采取欣赏的姿态。或苍凉，或激越，或淡远，不同身份、处境的人面对山道，竟创造出如此丰富的诗的意境……

南国此山尊梵净山的神奇，在其包容性：就其景而言，“集五岳之奇险幽秀而大气磅礴”；就其自然生态系统来说，一山而有华中、华南、西南三个区系的动物，森林树种也有七百三十多种。

它的周围，又聚居着苗、侗、羌、土家、仡佬等多种兄弟民族。人们称道此山为贵州第一名山，是有根据的：在某种程度上，我们是可以把梵净山视为贵州山水以至贵州文化的一个象征的：“此山尊”实非夸饰之辞。梵净山的神奇还在它的景观与生态环境都得到了比较完整的保存。当人的生存环境被人自己破坏得惨不忍睹时，蓦然回首，发现了此方“净土”，自会有惊奇之感。究其原因，除了山路的险峻，成了梵净山自我保护的屏障之外，主要是因为山民尚存“敬畏神山”之心。就连地方官也懂得要立“禁树碑”，所谓“草木者，山川之精华；山川者，一郡之气脉”“十年之计树木，况兹崇山茂林，岂可以岁月计，宜止焉，戒勿伐；弗若焉，未可也”，在“崇山茂林”面前，竟是一点也不敢怠慢！不可小看这“敬畏”二字：今天的许多中国人正是因为缺失了对大自然的敬畏之心，而疯狂地“暴殄天物”，并迟早要受到无情的惩罚——这绝非危言耸听，望开发贵州、开发梵净山者戒！

钱理群（1939—　）

著名人文学者，鲁迅、周作人研究专家，生于四川重庆，在贵州任教十八年，现任北京大学中文系教授、现代文学专业博士生导师，主要从事中国现代文学的研究与教学。

神奇梵净山

◎ 戴明贤

梵净山在明朝中叶即以西南佛教名山而著称。万历年间，香火鼎盛，山中寺庙达五十余所，来自本省各地和川湘赣诸省的香客络绎成线。现存碑文形容当时盛况说：“仙洞灵台，咸棋布而胪列；奇峰古刹，俱凤翥而鸾翔……自开辟迄今，海内信奉而奔趋，不啻若云而若水；王公大人之饮渴，恒见月盛而日新。”近二十年间，梵净山更是名播海内外，中外慕名来游者与日俱增。许多学者、专家、艺术家为梵净山留下大量观感文字。著名学者启功先生诗曰：“梵呗传三界，潮音净六根，众山眼底小，南国此峰尊。”香港摄影家陈复礼先生题词说：“集五岳之奇险幽秀而大气磅礴则雄视天下。”

多年前出差江口县，在一家小店投宿。登

梵净山主峰老金顶

梵净山云雾缭绕

记人看了我的工作证，问道："您是记者，上过我们的梵净山吗？梵净山上的树是长着长毛的，是五颜六色的。"我问他自己去过没有，他连连摇头："我们是听老辈人说的，没有人上去过。"

多年以后，梵净山成为国家级自然保护区，我随同环保部门组织的一个小组在梵净山金顶脚下安营扎寨七天，日出而出，日落而归，饱览了全山风光。不仅老辈人的传闻得到证实，更有许多传闻以外的景观，处处笼罩着神秘色彩。

梵净山，是可入《西游记》的一角神话世界。梵净山为武陵山脉主峰，位于黔东北江口、印江、松桃三县交界处。其中心景区在主峰区凤凰山——老金顶这一片，层峦叠峰，环立耸峙，主峰凤凰山海拔 2494 米。一批最有梵净山特色的景观，就散布环绕其间。中央是金顶，一根高达百米的孤峭石柱，矗立于众山之巅。上指苍穹，下临深渊，百余里外，仰头可见，真有"刺破青天锷未残"之势。峰顶有一条深二十米的巨大裂缝，将峰尖破为两半，裂沟宽仅三米，称"金刀峡"。民间有神话传说：释迦与弥勒争此宝柱，互不相让，如来就以金刀一劈为二，各得一边。后来虔诚的佛弟子们，竟以难以想象的魄力，在这孤峰顶上，为二佛各修了一座小庙，一为释迦殿，一为弥勒殿，合称"金顶二殿"。二庙之间架石桥互通，称"天仙桥"。从金顶脚下攀登至金刀峡口，须手足并用，备尝艰险，途中"鼓肚岩""石门缝"等难关，听其名可知其险。从峡底升至顶峰，更须仰面援梯，攀岩蹈空而行。置身于仙桥上，上接浮云，下临无地，天风呼啸，万峰俯伏于脚下，足以惊心动魄。金顶一带多雾，倏然而来，如帷如幕；倏然而去，飘如卷帘，从而使金顶忽而消失于咫尺，无踪无影；忽现身于当头，势欲坍塌，造成金顶又一奇观。金顶形状，随视角的不同而变化。我在几天中曾围绕金顶行路，见它时如青龙，时如黑虎，又如臼，又如甑。而从烂茶顶观金顶，酷似一位仰天沉思的原始人，形状最美，耐人玩味。

站在金顶脚下，放眼四望，是一片黑色层石的奇异景物：巨崖“万卷书”，页片状的黝黑石片散乱堆叠，千万页码历历可数，真像是天公的一堆文牍。“蘑菇石”与金顶同为梵净山的标志景物，一座方形大层岩石压在一块条形小岩层之上，头大脚小，摇摇欲坠，状如蘑菇，更像四川人负婴儿的坐篓。层片黑石组成的“九皇洞”，阴森诡秘，宛如《西游记》中大魔头的洞府。还有“金杯岩”“老鹰岩”“石笋峰”等，各依其名，惟妙惟肖。这些景物之后，更有一排状如古城废墟般的黑岩，参差残缺地耸立远处，衬着天幕，意境极为苍茫。与此遥遥相对的是狭如鱼脊的“薄刀岭”，万仞峡谷上双石指天的“剪刀峡”，密林蔽日的“黑巷子”等景点。巍峨起伏的山峦，参天对峙的新老金顶，千姿万态的梵净崖群，苍郁盘错的原始森林，五色烂漫的杜鹃矮林，一切尽收眼底。尤其是危立刺天的金顶，从这里正好看见顶端金刀峡的一隙天缝，缝间天仙桥的一丝微拱，高高悬在天际，似真似幻，真是匪夷所思的图画。金顶一带，还有云海、云线、佛光等自然奇观；群山之巅的日出日落，气象万千。

巨崖“万卷书”

戴明贤（1935— ）

祖籍四川，生于贵州安顺，中国书法家协会理事，书协贵州分会副主席，贵州“芙峰印社”社长，中国作协贵州分会副主席，《花溪》副主编，著有《戴明贤书法篆刻集》和历史小说《花溅泪》、散文集《残荷》等。

【今作】

贵阳，这脚下的土地

◎亚　鸿

山巅何以现海洋

从独山县出发，沿都柳江的源头一路下行，河水在一个叫议寨的村庄前就躲入地下，当地人称之为干河。干河尽头的山洞将干河和暗河一起吞入口中。水流都从这口山洞消失，当地人称之为消水洞。对水的去向，村民们开玩笑说，都跑到了远在天边的海里了。

其实村人不知，他们世代居住的土地，四亿年前就是一片蔚蓝的大海，在 2.2 亿年前属于古特提斯洋的一部分。

从议寨向下游一个叫王屯方向行进。崎岖的羊肠小路蹒跚上行，满目是清一色的石山。山道上一层贝类化石，被人踩得光如墨玉。

一路下行，山坡上的田地里，贝类化石像

议寨远眺

贵州山水

超级谷粒一样散落在禾脚谷丛，如果施肥浇灌，真疑心它们也会生根发芽。王屯就像一只镶在石头中间的贝化石，村人抱怨说：化石太多，田里、土里全是，一年下来锹锄都被硌坏几把。说完，一脚将一枚贝壳化石踢到门外的水洼中。涟漪里，小贝壳是否会想念亿万年前这里浩瀚的蔚蓝？

海洋，将记忆全部刻在了这些神奇的石头上。这些在质朴的当地人看来，一文不值的花石头，却造就了一批新的学术名词，牵引了无数地质和考古巨子们的魂梦。在世界地质名词中，从这一带起源和有关的就达4000多个。难怪国际史前考古界公认贵州省是中国当之无愧的天然化石博物馆！

从王屯到其脚下的建群村，河道在这里宽了很多。无数曾生长在海底的珊瑚、海百合等古生物化石一丛丛，一团团，像藤蔓一样懒洋洋地“趴”在石头上悠闲地晒太阳。

在幸福村，农民厕所的垫石就是在博物馆里才能见到的泥螺化石，每块石头上都有两三个拳头大的泥螺。村后通往江寨的路上铺有巨大的海百合化石，一蓬蓬像荷叶一样舒展在人的脚印和牛马的蹄痕之间。

1957年，一位叫胡承志的地质学家途经黔西南布依族苗族自治州兴义市，在一个农民家如厕时，发现用石头筑造的厕所墙上竟然有清晰的动物化石，遂带回北京研究，从而揭开了一个新物种的神秘面纱，这种动物后来被定名为“胡氏贵州龙”。

在震惊考古界的盘县化石群、凯里——台江化石群、关岭化石群、兴义化石群中，贵州龙这一独特属种和海百合成了贵州古生物化石的主要代表。贵州龙是一种小型两栖类爬行动物，样子和今天的蜥蜴很像，不过它的脖子要长得多，几乎占了身体长度的三分之一，形象相当可爱。

关岭化石群形成于距今2.2亿年前的海湾，主要包括鱼龙、海龙、鳍龙、楯齿龙等海生爬行动物，三叠纪古生物化石，特别是海生爬行动物化石和海百合化石数量之巨大、种类之众多、保存之精美、形态之奇特为全球同期地层所罕见。

海百合并不是海生植物，而是一种腔肠类棘皮动物，身体由长长的像叶柄一样的“茎”和杯状的腕足组成，两亿多年前像一丛丛盛开在海底的百合花。形成化石后犹如中国画中写意的荷叶，堪称世界一流。

千古岩画如天书

画马崖是位于贵州省开阳县的一组岩画群，共有200多个图案，以赭红色颜料绘制于悬崖薄层岩面上，画的内容不仅有太阳星象、姿态各异的马、作舞蹈状的人物，还有状似鱼、龙、虎、狗、仙鹤的图案，更奇怪的是还有一些怪异神秘的图形符号。

不可思议的是，在经历大自然万年之久的打磨和洗礼后，岩画依然光鲜如初，这个赭红色颜料究竟有什么神奇的力量，可以与自然界最无情的时间抗衡？

画马崖岩画群中的岩画，是用极其简单的线条勾勒出的各种造型，类似于速写风格，但其线条却异常简洁甚至抽象，寥寥数笔，惟妙惟肖。

画马崖岩画

以现代人的认知对这些图案进行解读，简单线条勾画出的图案可能是马、人和太阳，还有一些鱼、虎、龙、狗、仙鹤等。然而，专家考察却发现，岩画中描述人的线条，头型呈不规

画马崖岩画

则的圆隆状，四肢和身体都用形状不同的线条表示。从我国古代遗留的绘画中不难发现，古人在描绘人头部时常用圆或椭圆形，而开阳画马崖的岩画中的人头线条呈不规则的圆隆状，这关键的差别引发了我们的疑问，这种“人”是不是外星人造访地球的“写真”？

与此同时，画马崖岩画中那些反复出现的大圆点、小圆点、小斜点和怪异神秘的图形符号，很多前来考察过的专家学者至今都无法解释其中的含义。

和失踪的玛雅人、神秘的金字塔、复活节岛上的巨人石像一样，画马崖岩画同样充满了难以解释的神秘。梯子岩处的岩画地势险要，上为悬崖绝壁，下为陡坡及森林。能够将如此丰富的图案绘制到“绝地”，非常人可及，现代人即使在很多工具的帮助下都难以完成如此难度的工作，更不用说身处遥远时代的古人。究竟是谁采用什么样的技术在这样的环境下达成这样的效果呢？

画马崖岩画采用垂直投影法，巧妙地利用薄层岩面仅有的面积，将各种图形有机地分布于岩面上，既表现出画面彼此的区别，又表现了画面的层次

画马崖岩画

空间感，通过画面图像与层状岩壁间的排列组合，达到一种空间的延续效果。这艺术境界已经达到了一定的水平，即使在现代也是一个伟大的奇迹。画马崖岩画让人们看到了另外一种世界。

有谁真正了解和关切贵州呢？过去，人们对于贵州多半只有一些似是而非的甚至带有歧视性的印象，浅近一点的，如“天无三日晴，地无三尺平，人无三分银”之类，高雅一点的还有“黔驴技穷”“夜郎自大”等。总之，贵州是一个又苦又穷又没有文化的穷山恶水之乡。然而，走近贵州，它却给我们展开了一幅完全不同的图景。这里有“集五岳之奇险”，仅森林树种就有七百三十余种的梵净山；有在赤水河谷延续了两亿年，号称“古生物活化石”的桫椤树国家自然保护区；有“上侪禹碑，下陋秦石”“壁立万仞”，首字高七尺、末字高二尺六寸，至今未有识者的十行“红岩天书”；在这里还可以看到至柔之水与至刚之石如何结成千古奇观的黄果树瀑布和天星桥，它们或雷霆轰鸣、天河狂泻，或石临水而巧妆，凝固若镶嵌于蓝天的白云，或水绕石而弄影，秋波低回、千娇百媚……难怪国画大师刘海粟要说：“贵州山水在孕育着交响乐的情绪，当文化积累到高峰时期，一定要出震古烁今的大天才，来吟唱中华民族心灵深处的大悲欢！”

春城无处不飞花

昆明

【图说】

昆明，云南省省会，是著名的“春城”和“花城”。

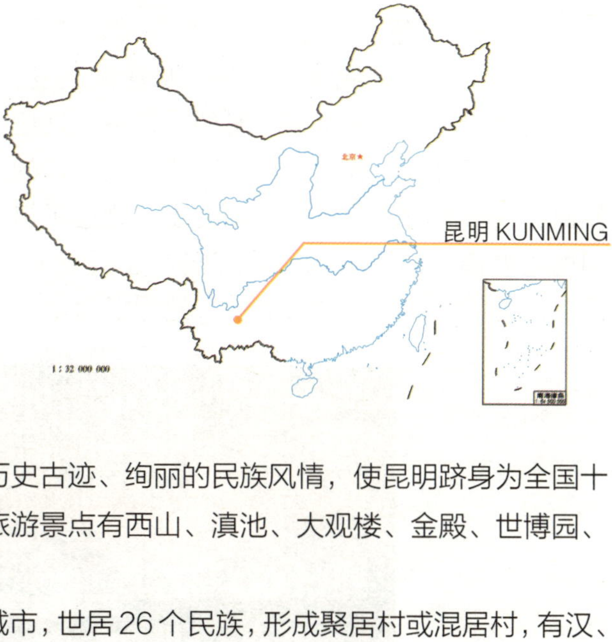

昆明历史悠久，25 万年前，就有古人类在昆明地区活动。从公元 13 世纪起，昆明成为云南省政治、经济、文化中心，是我国内地连接东南亚“古南方丝绸之路”以及四川—云南—越南的枢纽和通道。

美丽的自然风光、灿烂的历史古迹、绚丽的民族风情，使昆明跻身为全国十大旅游热点城市之一，著名的旅游景点有西山、滇池、大观楼、金殿、世博园、民族村等。

昆明是一个多民族汇集的城市，世居 26 个民族，形成聚居村或混居村，有汉、彝、回、白、苗、哈尼、壮、傣、傈僳等民族。其中，彝族的“火把节”，白族的“三月街”“绕三灵”，傣族的“泼水节”，苗族的“踩花山”，傈僳族的“刀杆节”等久负盛名。

【走读】

春城无处不飞花

◎周　薇

一提到昆明，脑海里立即呈现出一幅美丽的图画："蔚蓝而遥远开阔的天空，多姿多彩的云霞，阳关浸浴着稻田，一片片油绿的树林，千千万万点缀在草丛中的花朵……"古往今来，春城不知勾起过多少人的向往和眷恋之情，多少文人为她抒写过赞美的篇章。明代文学家杨慎道"天气常如二三月，花枝不断四时春"，林则徐来昆后说"不负行滕一万里"，杨朔出国归来，当他"一脚踏进昆明，心都醉了"。

2009年7月，我坐上飞机，从沈阳出发，腾云驾雾，经过了5个多小时的飞行终于抵达昆明巫家坝机场。我不得不惊叹于现代交通的便捷，仅半天时间我就从祖国的东北到达了祖国的最西南。出了机场，阵阵暖风迎面袭来，昆明以她特有的方式迎接着我。这里没有哈尔

俯瞰滇池

滇池近景

滨凛冽刺骨的寒风，没有西北大漠漫天飞舞的黄沙，没有海南炙热难耐的酷暑，没有南方连绵不绝的阴雨，这里有的是蓝蓝的天、白白的云、暖暖的阳光和一片片花的海洋……

记得曾经有人诙谐地说，如果寄一封信，上面写着“春天”收，那么这封信一定会被寄到昆明，因为昆明就是春天，就是“春城”。即使在冬天，这里依然有和煦的阳光轻抚大地，花潮涌动，春色常驻。昆明的天是属于春天的，蔚蓝、透彻；昆明的风是从春天而来的，温暖、和煦。如果说“竹外桃花三两枝，春江水暖鸭先知”，那么昆明一年四季，从年头到年尾，都让人闻到春风的暖暖气息，感受到春天轻盈的脚步，春天曼妙的舞姿，这里的一切一切都是春的气息，春的声音。

我的春城之行始于西山。连绵起伏的西山，仿佛是一位妙龄少女静谧地躺卧在淡淡的雾霭中，又像怡然自得的卧佛，所以昆明人又给她起了一个好听的名字——睡美人。山脚下有一条弯弯曲曲的小道，沿着山路一直向上，来到一个山头，小憩片刻，这时候，倘若你抬头仰望天空，便会有一种透彻心扉的心灵澄净之感。因为昆明的天是碧蓝的，而西山上空的天是越发地透蓝，蓝得有些让人心醉，天空中的片片云朵是出奇的白，碧蓝的天镶嵌着白白的云让人心中不禁涌起一股“海阔凭鱼跃，天高任鸟飞”的飞翔之感。

站在西山上，俯极远眺，碧波荡漾的滇池就在脚下，仿佛一弯腰，就能捧起湖里的一泓圣水。这片波光浩渺的湖水，俨如高原上镶嵌的一颗璀璨晶莹的明珠，这就是人们熟悉的滇池，古老的“滇南泽”，以往诗人对她的描写是：

昆池千顷浩溟漾，
浴日滔天气量洪，
倒映群峰来镜里，
雄吞六河入胸中。

滇池美景

滇池，“五百里滇池奔来眼底”，我只能瞥见她的一角。听当地人说，滇池还有个好听的名字，叫“草海”。我更愿意称她为“草海”，是因为她真如大海一样，只见海天交接的那一线，不见边际。微风不断推动层层涟漪，那似乎就是海浪的声音，不过这不是汹涌澎湃、浪击石穿的咆哮，而是一种别样的柔和之美。伫立岸边，溅起的浪花是浅浅的翡翠色，荡漾的湖水是浑浊的绿。在这里我感受到了一种海边般的悠闲惬意，但又不至于如海滩那般喧嚣与曝晒。这里有雄浑虬劲的桉树，有茂密浪漫的梧桐，有低垂温柔的杨柳，有用白布做伞面，木棍做伞架撑起的太阳伞，亭亭玉立，却又不失简朴与民族风情。

走在昆明的大街小巷，随时都能感受到异常清新、凉爽的空气，阵阵微风拂过，空气里都会夹杂着飘来的淡淡花香，使你不知不觉陶醉在这春意盎然、花香四溢的意境中。有人说广州是花城，可在我来看，昆明才是一座不折不扣的花城。一年四季，从春到冬，都可以看到娇艳繁缛的各色鲜花，正像李印泉先生在《湖上闲吟》一诗中所写：

好花月月开，四季无寒暑。
神州之奥区，南中之乐土。

昆明的花有一种奇特之美，往往让人看起来不仅仅是花，而视之为奇观。

大观楼远景

当你看到高山上成片的兰花，你很难相信这就是被人以一苗两苗数着种在精致花盆中珍爱有加的花中君子；当你看到山坡上花团锦簇的杜鹃，你很难相信这是自然中野生状态的群落，而疑其出自人工；当你看到头顶上遮蔽天空的垂丝海棠，你会以为是红霞飞宇；大观楼远景当你看到原野上数以万顷的油菜花，你就会无法再以为什么，因为世间并无可与之比拟的景观。此时，你必定是叹服，是沉醉，是“欲赞已忘言”。这些芳灼的花葩，寓于春城明媚的山水间，把“天气常如二三月”的昆明，装点得“花枝不断四时新”，使春城更加美丽。

陶醉在如此春意盎然的城市，让人不得不心醉，尤其是当你伫立在大观楼前，隔水遥望“睡美人”，太华诸峰起伏多姿，滇池波光浩渺，其深远处融入天际线，其间但见沙鸥翔集，堤岸烟柳。大观楼所在之地，是滇池水渚曲折的青草湖畔，周围的田野村庄，一派高原水乡的风光，旖旎婉约，一时恍惚便以为身在江南。

大观楼上孙髯翁那一幅“古今第一长联”，再次让我为之震撼：

五百里滇池，奔来眼底。披襟岸帻，喜茫茫空阔无边。看东骧神骏，西翥灵仪，北走蜿蜒，南翔缟素。高人韵士，何妨选胜登临。趁蟹屿螺州，梳裹就风鬟雾鬓；更苹天苇地，点缀些翠羽丹霞。莫辜负：四周香稻，万顷晴沙，九夏芙蓉，三春杨柳。

数千年往事，注到心头。把酒凌虚，叹滚滚英雄谁在？想汉习楼船，唐标铁柱，宋挥玉斧，元跨革囊。伟烈丰功，费尽移山心力。尽珠帘画栋，卷不及暮雨朝云；便断碣残碑，都付与苍烟落照。只赢得：几杵疏钟，半江渔火，两行秋雁，一枕清霜。

这就是昆明，有五百里碧波荡漾的高原翡翠明珠，有化身凤凰展翔的碧鸡山，有春日的杨柳，夏日的莲荷，还有汉武帝的造船习水、唐玄宗的纪功铁柱、宋太祖的玉斧挥图，还有……这一切都属于春城，属于昆明。

【胜迹】

游览建议路线

石林 ‧‧‧ 九乡溶洞 ‧‧‧ 滇池 ‧‧‧ 大观楼

昆明名胜分布示意图

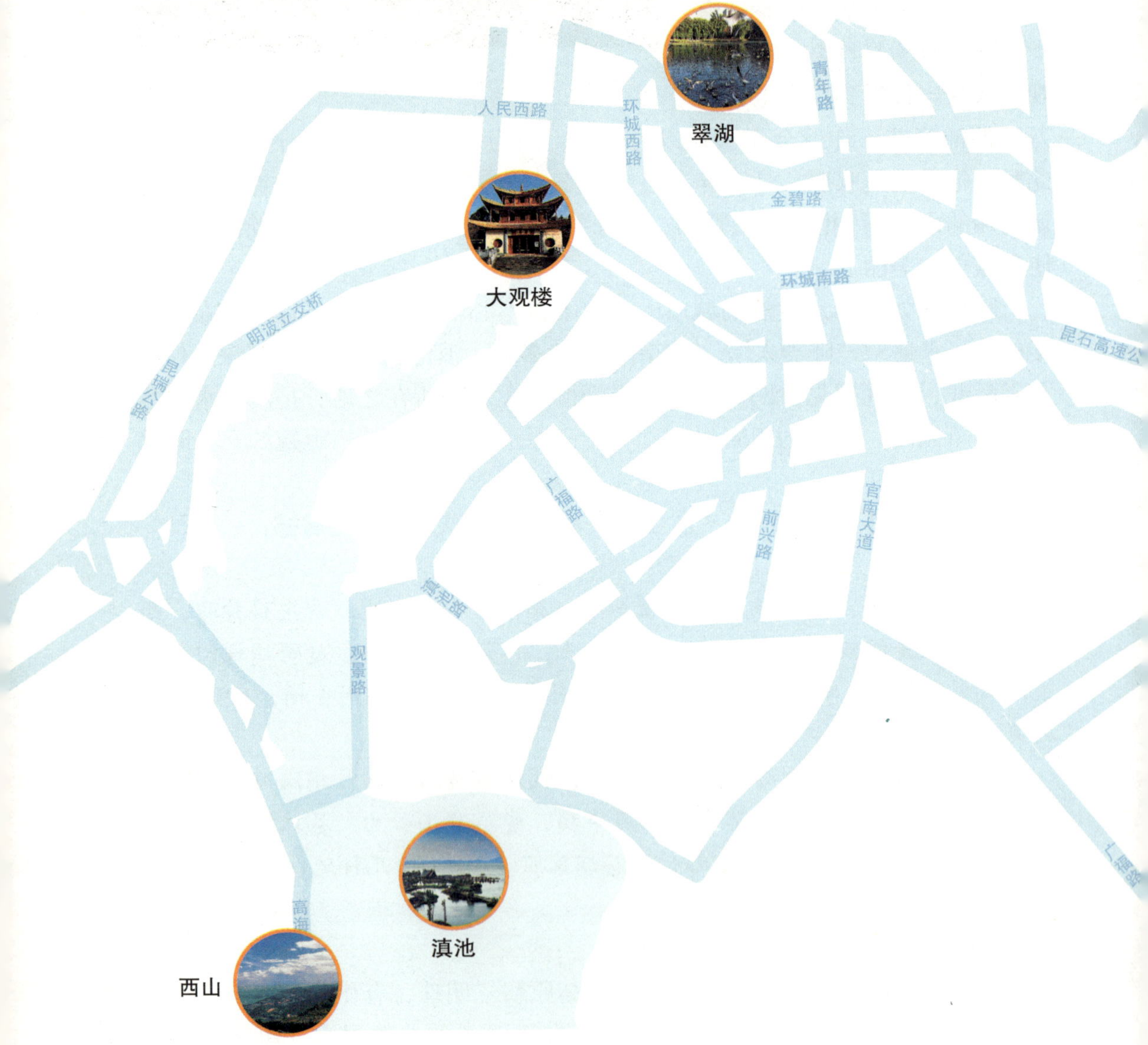

大观楼题壁

【清】谢　琼

凭栏披满大王风，气象全收入座中。
西去水声奔万马，北来山势卧长虹。
楼台一带开烟雨，烽火千年冷启蒙。
几度酒酣难落笔，上头题句有髯翁。

游西山十首（其六）

【清】谢　琼

日落众峰冥，壶觞小阁停。
月铺千顷白，云洗一天青。
持节人难唤，凭栏酒易醒。
洞箫如可借，吹与老龙听。

滇海曲十二首（之一）

【明】杨　慎

苹香波暖泛云津，
渔枻樵歌曲水滨。
天气常如二三月，
花枝不断四时春。

杨慎 像

石　林（并序）

【清】何彤云

陆凉道中有石，高下卓立，大者数十尺，小者丈许，弥望成林，疏密有致，奇观也。余往来过之，辄为流连，因为四韵。

入望忽森森，苍然石气深。
插天青玉笏，堕地碧瑶簪。
长讶四千尺，低犹笋一寻。
不逢元稹画，狮子独名林。

【名篇】

茶花赋

◎杨　朔

久在异国他乡，有时难免要怀念祖国的。怀念极了，我也曾想：要能画一幅画儿，画出祖国的面貌特色，时刻挂在眼前，有多好。我把这心思去跟一位擅长丹青的同志商量，求她画。她说："这可是个难题，画什么呢？画点零山碎水，一人一物，都不行。再说，颜色也难调。你就是调尽五颜六色，又怎么画得出祖国的面貌？"我想了想，也是，就搁下这桩心思。

今年二月，我从海外回来，一脚踏进昆明，心都醉了。我是北方人，论季节，北方也许正是搅天风雪，水瘦山寒，云南的春天却脚步儿勤，来得快，到处早像催生婆似的正在催动花事。

花事最盛的去处数着西山华庭寺。不到寺门，远远就闻见一股细细的清香，直渗进人的

茶花

心肺。这是梅花，有红梅、白梅、绿梅，还有硃砂梅，一树一树的，每一树梅花都是一树诗。白玉兰花略微有点儿残，娇黄的迎春却正当时，那一片春色啊，比起滇池的水来不知还要深多少倍。

其实这还不是最深的春色。且请看那一树，齐着华庭寺的廊檐一般高，油光碧绿的树叶中间托出千百朵重瓣的大花，那样红艳，每朵花都像一团烧得正旺的火焰。这就是有名的茶花。不见茶花，你是不容易懂得“春深似海”这句诗的妙处的。

想看茶花，正是好时候。我游过华庭寺，又冒着星星点点细雨游了一次黑龙潭，这都是看茶花的名胜地方。原以为茶花一定很少见，不想在游历当中，时时望见竹篱茅屋旁边会闪出一枝猩红的花来。听朋友说：“这不算稀奇。要是在大理，差不多家家户户都养茶花。花期一到，各样品种的花儿争奇斗艳，那才美呢。”

我不觉对着茶花沉吟起来。茶花是美啊。凡是生活中美的事物都是劳动创造的。是谁白天黑夜，积年累月，拿自己的汗水浇着花，像抚育自己儿女一样抚育着花秧，终于培养出这样绝色的好花？应该感谢那为我们美化生活的人。

普之仁就是这样一位能工巧匠，我在翠湖边上会到他。翠湖的茶花多，开得也好，红彤彤的一大片，简直就是那一段彩云落到湖岸上。普之仁领我穿着茶花走，指点着告诉我这叫大玛瑙，那叫雪狮子；这是蝶翅，那是大紫袍……名目花色多得很。后来他攀着一棵茶树的小干枝说：“这叫童子面，花期迟，刚打骨朵，开起来颜色深红，倒是最好看的。”

我就问：“古语说，看花容易栽花难——栽培茶花一定也很难吧？”

普之仁答道：“不很难，也不容易。茶花这东西有点特性，水壤气候，事事都得细心。又怕风，又怕晒，最喜欢半阴半阳。顶讨厌的是虫子。有一种钻心虫，钻进一条去，花就死了。一年四季，不知得操多少心呢。”

我又问道：“一棵茶花活不长吧？”

普之仁说：“活得可长啦。华庭寺有棵松子鳞，是明朝的，五百多年了，一开花，能开一千多朵。”

我不觉“噢”了一声：想不到华庭寺见的那棵茶花来历这样大。

万朵茶花齐开

普之仁误会我的意思，赶紧说：

“你不信么？大理地面还有一棵更老的呢，听老人讲，上千年了，开起花来，满树数不清数，都叫万朵茶。树干子那样粗，几个人都搂不过来。”说着他伸出两臂，做个搂抱的姿势。

我热切地望着他的手，那双手满是茧子，沾着新鲜的泥土。我又望着他的脸，他的眼角刻着很深的皱纹，不必多问他的身世，猜得出他是个曾经忧患的中年人。如果他离开你，走进人丛里去，立刻便消逝了，再也不容易寻到他——他就是这样一个极其普通的劳动者。然而正是这样的人，整月整年，劳心劳力，拿出全部精力培植着花木，美化我们的生活。美就是这样创造出来的。

正在这时，恰巧有一群小孩也来看茶花，一个个仰着鲜红的小脸，甜蜜蜜地笑着，唧唧喳喳叫个不休。

我说：“童子面茶花开了。”

普之仁愣了愣，立时省悟过来，笑着说：“真的呢，再没有比这种童子面更好看的茶花了。”

一个念头忽然跳进我的脑子，我得到一幅画的构思。如果用最浓最艳的朱红，画一大朵含露乍开的童子面茶花，岂不正可以象征着祖国的面貌？我把这个简单的构思记下来，寄给远在国外的那位丹青能手，也许她肯再斟酌一番，为我画一幅画儿吧。

杨朔（1913—1968）

山东蓬莱人，著名作家。他作品的基调是歌颂新时代、新生活和普通的劳动者，代表作品有《荔枝蜜》《蓬莱仙境》《雪浪花》《香山红叶》《画山绣水》《茶花赋》《海市》等。

昆明的雨

◎ 汪曾祺

宁坤要我给他画一张画，要有昆明的特点。我想了一些时候，画了一幅：右上角画了一片倒挂着的浓绿的仙人掌，末端开出一朵金黄色的花；左下画了几朵青头菌和牛肝菌。题了这样几行字：

“昆明人家常于门头挂仙人掌一片以辟邪，仙人掌悬空倒挂，尚能存活开花。于此可见仙人掌生命之顽强，亦可见昆明雨季空气之湿润。雨季则有青头菌、牛肝菌，味极鲜腴。”

我想念昆明的雨。

我以前不知道有所谓雨季。“雨季”，是到昆明以后才有了具体感受的。

我不记得昆明的雨季有多长，从几月到几月，好像是相当长的。但是并不使人厌烦。因为是下下停停、停停下下，不是连绵不断，下

金马碧鸡坊

起来没完。而且并不使人气闷。我觉得昆明雨季气压不低，人很舒服。

昆明的雨季是明亮的、丰满的，使人动情的。城春草木深，孟夏草木长。昆明的雨季，是浓绿的。草木枝叶里的水分都到了饱和状态，显示出过分的、近于夸张的旺盛。

我的那张画是写实的。我确实亲眼看见过倒挂着还能开花的仙人掌。旧日昆明人家门头上用以辟邪的多是这样一些东西：一面小镜子，周围画着八卦，下面便是一片仙人掌，——在仙人掌上扎一个洞，用麻线穿了，挂在钉子上。昆明仙人掌多，且极肥大，有些人家在菜园的周围种了一圈仙人掌以代替篱笆。——种了仙人掌，猪羊便不敢进园吃菜了。仙人掌有刺，猪和羊怕扎。

昆明菌子极多。雨季逛菜市场，随时可以看到各种菌子。最多，也最便宜的是牛肝菌。牛肝菌上市的时候，家家饭馆卖炒牛肝菌，连西南联大食堂的桌子上都可以有一碗。牛肝菌色如牛肝，滑、嫩、鲜、香，很好吃。炒牛肝菌须多放蒜，否则容易使人晕倒。青头菌比牛肝菌略贵。这种菌子炒熟了也还是浅绿色的，格调比牛肝菌高。菌中之王是鸡枞，味道鲜浓，无可方比。鸡枞是名贵的山珍，但并不真的贵得惊人。一盘红烧鸡枞的价钱和一碗黄焖鸡不相上下，因为这东西在云南并不难得。有一个笑话：有人从昆明坐火车到呈贡，在车上看到地上有一棵鸡枞，他跳下去把鸡枞捡了，紧赶两步，还能爬上火车。这笑话用意在说明昆明到呈贡的火车之慢，但也说明鸡枞随处可见。有一种菌子，中吃不中看，叫做干巴菌。乍一看那样子，真叫人怀疑：这种东西也能吃？！颜色深褐带绿，有点像一堆半干的牛粪或一个被踩破了的马蜂窝。里头还有许多草茎、松毛、乱七八糟！可是下点功夫，把草茎松毛择净，撕成蟹腿肉粗细的丝，和青辣椒同炒，入口便会使你张目结舌：这东西这么好吃？！还有一种菌子，中看不中吃，叫鸡油菌。都是一般大小，有一块银圆那样大的溜圆，颜色浅黄，恰似鸡油一样。这种菌子只能做菜时配色用，没甚味道。

雨季的果子，是杨梅。卖杨梅的

火炭梅

都是苗族女孩子，戴一顶小花帽子，穿着扳尖的绣了满帮花的鞋，坐在人家阶石的一角，不时吆唤一声："卖杨梅——"声音娇娇的。她们的声音使得昆明雨季的空气更加柔和了。昆明的杨梅很大，有一个乒乓球那样大，颜色黑红黑红的，叫做"火炭梅"。这个名字起得真好，真是像一球烧得炽红的火炭！一点都不酸！我吃过苏州洞庭山的杨梅、井冈山的杨梅，好像都比不上昆明的火炭梅。

雨季的花是缅桂花。缅桂花即白兰花，北京叫做"把儿兰"（这个名字真不好听）。云南把这种花叫做缅桂花，可能最初这种花是从缅甸传入的，而花的香味又有点像桂花，其实这跟桂花实在没有什么关系。——不过话又说回来，别处叫它白兰、把儿兰，它和兰花也挨不上呀，也不过是因为它很香，香得像兰花。我在家乡看到的白兰多是一人高，昆明的缅桂是大树！我在若园巷二号住过，院里有一棵大缅桂，密密的叶子，把四周房间都映绿了。缅桂盛开的时候，房东（是一个五十多岁的寡妇）就和她的一个养女，搭了梯子上去摘，每天要摘下来好些，拿到花市上去卖。她大概是怕房客们乱摘她的花，时常给各家送去一些。有时送来一个七寸盘子，里面摆得满满的缅桂花！带着雨珠的缅桂花使我的心软软的，不是怀人，而是思乡。

木香花

雨，有时是会引起人一点淡淡的乡愁的。李商隐的《夜雨寄北》是为许多久客的游子而写的。我有一天在积雨少住的早晨和德熙从联大新校舍到莲花池去。看了池里的满池清水，看了作比丘尼装的陈圆圆的石像（传说陈圆圆随吴三桂到云南后出家，暮年投莲花池而死），雨又下起来了。莲花池边有一条小街，有一个小酒店，我们走进去，要了一碟猪头肉，半市斤酒（装在上了绿釉的土磁杯里），坐了下来。雨下大了。酒店有几只鸡，都把脑袋反插在翅膀下面，一只脚着地，一动也不动地在檐下站着。酒店院子里有一架大木香花。昆明木香花很多。有的小河沿岸都是木香。但是这样大的木香却不多见。一棵木香，爬在架上，把院子遮得严严的。密匝匝的细碎的绿叶，数不清的半开的白花和饱涨的花骨朵，都被雨水淋得湿透了。我们走不了，就这样一直坐到午后。四十年后，我还忘不了那天的情味，写了一首诗：

莲花池外少行人，野店苔痕一寸深。
浊酒一杯天过午，木香花湿雨沉沉。

我想念昆明的雨。

汪曾祺（1920—1997）

江苏高邮人，当代作家、散文家、戏剧家，著有小说《受戒》《大淖记事》，散文集《蒲桥集》等，大部分作品收录在《汪曾祺全集》中，被誉为“抒情的人道主义者，中国最后一个纯粹的文人，中国最后一个士大夫”。

花 潮

◎ 李广田

昆明有个圆通寺。寺后就是圆通山。从前是一座荒山，现在是一个公园，就叫圆通公园。

公园在山上。有亭，有台，有池，有榭，有花，有树，有鸟，有兽。

后山沿路，有一大片海棠，平时枯枝瘦叶，并不惹人注意，一到三四月间，真是花团锦簇，变成一个花世界。

这几天天气特别好，花开得也正好，看花的人也就最多。“紫陌红尘拂面来，无人不道看花回”，办公室里，餐厅里，晚会上，道路上，经常听到有人问答：“你去看海棠没有？”“我去过了。”或者说：“我正想去。”到了星期天，道路相逢，多争说圆通山海棠的消息。一时之间，几乎形成一种空气，甚至是一种压力，一种诱惑，如果谁没有到圆通山看花，就好像是

圆通寺

一大憾事，不得不挤点时间，去凑个热闹。

星期天，我们也去看花。不错，一路同去看花的人可多着哩。进了公园门，步步登山，接踵摩肩，人就更多了。向高处看，隔着密密层层的绿荫，只见一片红云，望不到边际，真是“寺门尚远花卉来，漫天锦绣连云开”。这时候，什么苍松啊，翠柏啊，碧梧啊，修竹啊……都挽不住游人。大家都一口气地攀到最高峰，淹没在海棠花的红海里。后山一条大路，两旁，四周，都是海棠。人们坐在花下，走在路上，既望不见花外的青天，也看不见花外还有别的世界。花开得正盛，来早了，还未开好，来晚了已经开败，“千朵万朵压枝低”，每棵树都炫耀自己的鼎盛时代，每一朵花都在微风中枝头上颤抖着说出自己的喜悦。“喷云吹雾花无数，一条锦绣游人路”，是的，是一条花巷，一条花街，上天下地都是花，可谓花天花地。可是，这些说法都不行，都不足以说出花的动态，“四厢花影怒于潮”“四山花影下如潮”，还是“花潮”好。古人写诗真有他的，善于说出要害，说出花的气势。你不要乱跑，你静下来，你看那一望无际的花，“如钱塘潮夜澎湃”，有风，花在动，无风，花也潮水一般地动，在阳光照射下，每一个花瓣都有它自己的阴影，就仿佛多少波浪在大海上翻腾，你越看得出神，你就越感到这一片花潮正在向天空向四面八方伸张，好像有一种生命力在不断扩展。而且，你可以听到潮水的声音，谁知道呢，也许是花下的人语声，也许是花丛中蜜蜂的嗡嗡声，也许什么地方有黄莺的歌声，还有什么地方送来看花人的琴声，歌声，笑声……这一切交织在一起，再加上风声，天籁人籁，就如同海上午夜的潮声。大家都是来看花的，可是，这个花到底怎么看法？有人走累了，拣个最好的地方坐下来看，不一会，又感到这里不够好，也许别个地方更好吧，于是站起来，既依依不舍，又满怀向往，慢步移向别处去。多数人都在花下走来走去，这棵树下看看，好，那棵树下看看，也好，伫立在另一棵树下仔细端详一番，更好，看看，想想，再看看，再想想。有人很大方，只是驻足观赏，有人贪心重，伸手牵过一枝花来摇摆，或者干脆翘起鼻子一嗅，再嗅，甚至三嗅。“天公斗巧乃如此，令人一步千徘徊”，人们面对这绮丽的风光，真是徒唤奈何了。

老头儿们看花，一面看，一面自言自语，或者嘴里低吟着什么。老妈妈看花，扶着拐杖，牵着孙孙，很珍惜地折下一朵，簪在自己的发髻上。青年们穿得整整齐齐，干干净净，好像参加什么盛会，不少人已经穿上雪白的衬衫，有的甚至是绸衬衫，有的甚至已是短袖衬衫，好像夏天已经来到他们身上，东张张，西望望，既看花，又看人，洋气得很。青年妇女们，也都打扮得利利落落，很多人都穿着花衣花裙，好像要与花争妍，也有人擦了点胭脂，抹了点口红，显得很突出，可是，在这花世界里，又叫人感到无所谓了。很自然地想起了龚自珍《西郊落花歌》中说的，“如八万四千天女洗脸罢，齐向此地倾胭脂”，真也有点形容过分，反而没有真实感了。小学生们，系着漂亮的红领巾，带着弹弓来了，可是他们并没有射击，即便有鸟也不射了，被这一片没头没脑的花惊呆了。画家们正调好了颜色对花写生，看花的人又围住了画花的了，出神地看画家画花。喜欢照相的人，抱着相机跑来跑去，不知是照花，还是照人，是怕人遮了花，还是怕花遮了人，还是要选一个最好的镜头，使如花的人永远伴着最美的花。有人在花下喝茶，有人在花下弹琴，有人在花下下象棋，有人在花下打桥牌。昆明四季如春，四季有花，可是不管山茶也罢，报春也罢，梅花也罢，杜鹃也罢，都没有海棠这样幸运，有这么多人，这样热热闹闹地来访它，来赏它，这样兴致勃勃地赶这个花开的季节。还有桃花什么的，目前也还开着，在这附近，就有几树碧桃正开，“猩红鹦绿天人资，回首夭桃惘失色”，显得冷冷落落地待在一旁，并没有谁去理睬。在这圆通山头，可以看西山和滇池，可以看平林和原野，可是这时候，大家都在看花，什么也顾不得了。

圆通寺一角

看着看着，实在也有点疲乏，找个地方坐下来休息一下吧，哪里没有人？都是人。坐在一群看花人旁边，无意中听人家谈论，猜想他们大概是哪个学校的文学教师。他们正在吟诗谈诗：

一人吟道：“泪眼问花花不语，乱红飞过秋千去。”

一个说：“这个不好，哪来的这么些眼泪！”

又一个吟道：“一片花飞减却春，风飘万点正愁人。”

又一个说：“还是不好，虽然是诗圣的佳句，也不好。”

一个青年人抢过去说：“‘繁枝容易纷纷落，嫩蕊商量细细开’，也是杜诗，好不好？”

一个不等他说完就接上去："好是好，还不如龚自珍的'落红不是无情物，化作春泥更护花'，有辩证观点，乐观精神。"

有一个人一直不说话，人家问他，他说："天何言哉，四时兴焉，万物生焉，天何言哉。桃李无言，下自成蹊。你们看，海棠并没有说话，可是大家都被吸引来了。"

我也没有说话。想起泰山高处有人在悬崖直刻了四个大字"予欲无言"，其实也甚是多事。

回家的路上，还是听到很多人纷纷议论。

有人说："今年的花比去年好，去年比前年好，新中国成立以前谈不到。"

有人说："今天看花好，今夜睡梦好，明天工作好。"

有人说："最好早晨来看花，迎风带露的花，会更娇更美。"

有人说："雨天来看花更好，海棠著雨胭脂透，当然不是大雨滂沱，而是斜风细雨。"

有人说："也许月下来看花更好，将是花气氤氲。"

有人说："下星期再来看花，再不来就完了。"

有人说："不怕花落去，明年花更好。"

好一个"明年花更好"。我一面走着，一面听人家说着，自己也默念着这样两句话：

春光似海，盛世如花。

李广田（1906—1968）

现代著名散文家、诗人，原名王希爵，号洗岑，山东人，1936年与卞之琳、何其芳合写的诗集《汉园集》出版，以"汉园三诗人"著称，著有散文集《画廊集》《银狐集》《雀蓑记》，短篇小说集《金罈子》，长篇小说《引力》等。

【今作】

昆明印象

◎ 王大翔

我曾多次去过昆明，但近20年没有去过了。但昆明在我心目中留下的深刻印象，是不会改变的。

昆明是个美丽的城市，在我的印象中，昆明没有高楼，但整洁有序。昆明给我的最深印象，是西山、滇池和那里的山茶花。

昆明有许多自然风光和名胜古迹，比如石林、温泉等，但在我的心目中，最美丽而难忘的是西山。昆明的西山在距昆明15公里的滇池边，山势雄伟，与滇水相依，我以为那里是昆明最美丽的地方。

昆明西山连绵40多公里，最高处海拔2350米。西山由华亭山、太华山、罗汉山等组成，而最高峰在太华山。昆明西山山势雄峻，草木繁盛，风景优美。从太华山处登山，前人

太华寺

三清阁

修有石阶，可以拾阶攀登而上。到半山腰，就是著名的太华寺了。太华寺建有天王殿、大雄宝殿、长廊和配殿等，是一个不小的寺庙。难得的是寺建在半山腰处，登楼可以看到滇池；更为难得的是，在太华寺的庭院里有硕大的玉兰和山茶树。从太华寺沿石阶再向上攀登，直到山顶，就可以到达三清阁。三清阁是道教寺院，楼台殿阁等掩映在绿树丛中，是西山的又一胜景。三清阁的旁边就是西山的龙门石窟，它沿着悬崖凿成，从石窟的边沿，可以清楚地看到滇池。山势陡峭，滇池浩渺，我以为在这里最能看到西山的美妙。

滇池是昆明的胜景，而在西山上看滇池，可以看得更远些，因此也就更能看到滇池的浩瀚。滇池是我国较大的湖泊之一，它南北长约 40 公里，东西宽约 8 公里，总面积 300 平方公里，湖岸线长 163.2 公里，最大水深 10.4 米，平均水深 4.4 米。滇池周围有许多游览胜景。大搞围湖造田时，滇池曾经受到一些损毁；由于工业的发展也曾受到污染，据说现在仍在治理中。千万要保护好滇池，那是我们国人的财富！

滇池的风景，我要提到的是滇池边的大观楼。而大观楼的有名，在于滇池的存在。我们现在看到的大观楼的风景，在全国来看只是一般，但那里有一幅长对联，是难得相比的。此对联为孙髯翁所写，上下联各 90 字。在我看到的长联中，从对联的立意、对仗等，都为上乘。这幅长联由于对仗工整，立意深切,就很容易记忆。自我当年到大观楼读到此联至今,已有数十年之久，但我仍能记得。

这幅长联，上联写景，写尽了滇池的风光，下联抒情，回顾了昆明的历史。此对联字数长，但言之有物，不觉得有些许堆砌；此对联对仗工整，而甚感自然，不觉得勉强凑字。我看过一些长对联，总感觉堆砌者居多，如成都青城山的长联，我就感到不甚自然。总之，孙髯翁的这幅长联，是上乘之作。

孙髯翁，名孙髯，字髯翁，号颐庵，原籍陕西三原，其父到滇任武官，遂随父流寓昆明。他幼年时就以诗文著名，博闻强记，但终身不应科举。中年后家道中落，以卜易和卖药为生，生活穷困潦倒，除了大观楼长联以外，其他著作均已散佚，现只存有诗集一卷。

在我的昆明印象里，除了西山的风光之外，最深的印象，就是那里的山茶花。

我在我国南方的许多地方看到过山茶花，但从没看到过像在昆明看到的那样美丽的山茶花。云南的山茶树有十多米高，满树开花，花朵大而美丽。给我印象最深的是，昆明西山半山腰太华寺院内的山茶。有一年深冬，快要过春节的时候，我登上了西山，到太华寺时，我真是非常吃惊：我眼前的数十株山茶树，有十米多高，满树的山茶花，有粉红的，有白色的，花朵之多，花朵之大，而且盛开在大树上，是我从来没见到过的。看到这样硕大、繁茂、美丽的山茶花，我似乎入了仙境。我要说：世人不识山茶美，此处山茶胜牡丹。

回忆昆明的时候，我不能不想起当年在昆明的西南联大。现在的年轻人大多不知道西南联大，但西南联大是永远值得大家记忆的。西南联大是日本侵华的时候，为了继续办学而临时建立的大学。那是由北大、清华和南开三所学校合并而成的大学，叫西南联合大学，简称西南联大。

西南联大旧址

山茶花

西南联大之所以很值得大家知道，是因为西南联大在十分艰苦的情况下，培养出了许多杰出的人才，对中国和世界做出了巨大的贡献。这绝非夸大其词，有史实可鉴。

联大学生毕业后，取得特别突出成就的有：诺贝尔物理奖获得者杨振宁、李政道，国家最高科学技术奖获得者黄昆，“两弹一星”功勋奖章获得者屠守锷、郭永怀、陈芳允、王希季、朱光亚、邓稼先。这只是自然科学和技术科学方面的部分突出人才，在文、史、哲和社会科学方面也出现一大批突出人才，还有一大批政治家、革命家。为什么西南联大培养出这样多的优秀人才，最主要的原因就是，西南联大集中了当时我国一大批大师级的教授，他们在极为艰苦的条件下，做出了巨大的贡献。文科教授中，有国学根底很深的学者，有学贯中西的大师，有著名的诗人、文学家和政治家，如陈寅恪、钱锺书、王力、朱自清、沈从文、张奚若、陈岱孙、潘光旦、钱端升、金岳霖、冯友兰、闻一多等。在理工科方面，联大的几位年纪稍长的教授，称得上是中国近代若干基础学科和工程技术学科的开创者、奠基人，如饶毓泰、吴有训、叶企孙、黄子卿、孙云铸、袁复礼、吴大猷、施嘉炀、李辑祥、顾毓秀等。而一些在抗战前后回国的年轻教授，如华罗庚、陈省身、王竹溪、周培源等，了解国际学术发展情况，因而联大的教学能接近国际水平。当然，我们必须提到当时的北大校长蒋梦麟、清华校长梅贻琦、南开校长张伯苓和当时的教育部长兼任西南联大筹委会主任的王世杰。有了他们的远见卓识和杰出领导，才能有西南联大。西南联大像昆明的风光一样绚丽多彩，西南联大的贡献会永载史册。西南联大的精神会永留人们心中，而西南联大的经验应该很好地去总结。

我对昆明的印象是美丽的，我在想到昆明的时候，也会想起为我们国家培养了众多人才的西南联大。

下编

粤庭蕉窗听秋雨

城里三山古越都

福州

【图说】

福州，别名“三山”，位于福建东部闽江下游，是福建省省会、国家历史文化名城、首批对外开放沿海港口城市、全国著名的侨乡和台胞祖籍地。福州建城已有 2200 多年历史，夏商为七闽之地，到唐玄宗时设福州都督府，为福州命名之始，又因 900 多年前，福州太守张伯玉鼓励居民种植榕树，“绿荫满城，暑不张盖”，故有“榕城”之别称。

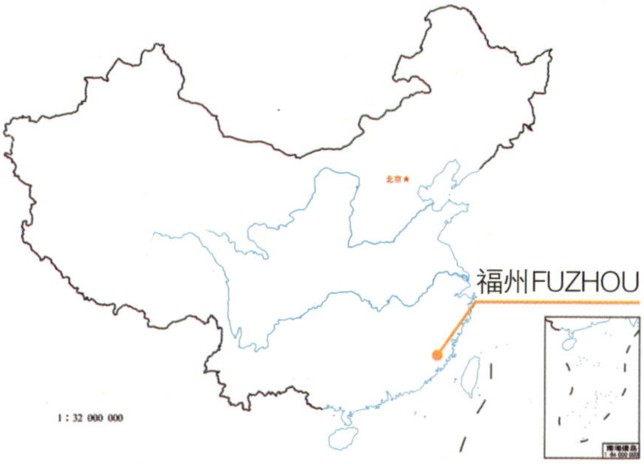

福州风景优美，其景色特点是山、园、寺、塔交错分布，相映成趣。乌石山、于山、屏山三山鼎立市内，犹如“山在城之中，城在山之中”；乌塔、白塔对峙，成为福州市的标志；闽江环城萦绕，风景秀美；西湖、左海、温泉、森林公园布局巧妙，各具特色；涌泉寺、西禅寺、华林寺巍峨壮观，幽深古雅。

自古以来，福州素有“有福之州”的美誉。它是东南沿海重要的贸易口岸、“海上丝绸之路”的重要门户，也是郑和七下西洋之处。近现代，福州又成为中国近代海军摇篮和工业、科技发源地，开启了中国近代工业化、现代化进程的先河。福州自古人才荟萃，他们中有林则徐、沈葆桢、严复、林纾、林觉民、邓拓、郑振铎、冰心、高士其、陈景润等。

【走读】

闽江流过

◎ 简福海

一

说不清是第几次造访闽江了。水的诱惑，没人能轻易拒绝，尤其在闷罐子般的盛夏榕城。

一江清流，凝碧如蓝，水阔沙白，脉脉无语。一座城，有这么一条江，是幸运的；而一个人，爱上这么一条江，也是幸福的。常常是，燥热劳累了一天，来到江边，此刻，太阳还没回家，正如一粒饱满多汁的鲜橙，切开了，在江面洒下橙汁万点。这般的明艳与温暖，带有油画的味道，让每一个奔波忙碌的都市人，尽享一份大自然的单纯与美好。在这无框的画面里，在某种似曾相识中，我倦得起皱的心灵，随着水波一洄一荡，总如晨露浸润过的鲜花，一瓣瓣，次第舒展。

闽江即景

有时，就枯坐在细软白净的沙滩上，什么也不想，与河流一样宁静，目光随同东去的江水不动声色地流淌。有时，也思绪万千，什么都想。

不过，想与不想，只是一个状态，不会影响释放的心情。因为，来了，见着江水，听着江吟，便心安。

还喜欢闽江沉潜的力量。它曲线玲珑的裙带上，绣着“闽都春秋”的华美绣片——文化艺术长廊巨型浮雕，据说是全国最大的以城市历史文化为主题的浮雕，铺陈在防洪堤上。整体浮雕墙由9个组雕构成：以大型的《闽都赋》为起点，依次是先民拓土、开基建城、海滨邹鲁、海洋文化、左海雄风、迎接曙光、展望未来等。这浮雕，恰似凹凸有致的巨型印章，钤印了福州的鼎盛人文。端然而立的它与福州母亲河融为一体，把历史溶解于自然胜景，把文明流淌到子民心间，无疑是一个了解福州发展的独特载体。于榕城市民而言，多少是一份自豪与激励。

但我更想说闽江本身所蕴藏的力量，那是天地造化之神力，是看不见却又无所不在的力量。别看日流夜淌的闽江温顺得似乎没有什么脾气和冲击力，它的力量在于渗透，颜色、波纹、水雾、流声、气息，一点一滴地渗透，细细密密地渗透，悄无声息地渗透，渗透出一片锦绣旖旎。因此，对于大地，河流构成了一个最好的预言。河流经过的地方，总是水绿绣野，总是有生命的足迹，可能是一丛花草，可能是几只飞蝶，一群蚂蚁，甚至是几缕炊烟，最初的人迹。且看闽江两畔，榕荫夹岸、杂花烂漫、绿草芊绵，有白居易笔下似火的红，有朱自清眼中醉人的绿，加上江畔游人如织，江上偶尔徐徐滑行的观光艇与零星几条突突奔走的运砂船，生命气息无处不在，力量无处不在。

即便潇潇而下的夜色，也未能遮掩闽江的生动。此时的闽江，不再是一条江的概念，而是人们心绪的出口，是城市表情的集合。唱歌的，跳舞的，慢走的，溜冰的，玩沙子的，放风筝的，戏水的，聊天的，谈恋爱的，散心的，

福州市区的闽江

骑自行车的，带着红袖章巡逻的，在沙滩上打排球的，席地而坐写生的，拍婚纱照的，摆摊卖货的，坐着发呆的……每一个都用自己的理解和独到的方式，向闽江诉说同一个主题：生机勃勃！

有天，心情坏得透顶，不知不觉来到江边，坐在沙滩上，有浪一波波涌上来退下去。我什么话也没说，闽江也静静地陪着我。她已然是位知己，知己之间，往往就在一方伤心难过时，另一方愿意静静陪着，即便是一句话也没说，但沉默中自有熨帖的安慰。坐了将近三个小时，烦恼像滴在沙堆里的水珠一样，消失得干净、彻底而又顺理成章。我感觉到闽江解读了我的心灵密码，她理解我欲说还休的忧伤，她教会我微笑，化作滚滚红尘中坚定向前的力量。

释然中，我再次读懂了诗人蔡其矫对闽江的赞颂：“一条深水，流动着光明和活泼的生命。”

二

古人总结的“城有水则秀，居有水则灵”“吉人不可无水”“以水为师”，我深信不疑。

那天黄昏，锦江园内，有个红颊黑睛的少年，架着画夹写生，夕阳给他镀上暖暖的黄色。16 开的铅画纸上已初见瀚海晚霞。我站在他身后，有两米远的距离。他没有回望，但笔尖陡变滞拙紊乱。我看出他内心的羞怯与慌乱。他也许不知道，在如诗如梦的风景里画风景，自己也是一道亮丽的风景。那么，他有什么不自信的？可是，他在两米外竟能感知我的闯入，想必没有真正融入画里，还不够忘我和专注。我担心自己欣赏的眼光，会继续破坏他笔下的风景，真担心瀚海晚霞的美景，因为我的驻足赏看，在他笔底会变成乱云飞渡。我自觉地走开。来不及等他画完，轻轻告诉他 15 年前的一个少年，在另一条江边，也这样画过；来不及感激地告诉他，他让我想起了自己的从前。若干天后，也是黄昏，在南江滨，相同的画夹，相同的少年。他在画雕塑群。有了上次的经历，我经过他的近旁，故意重重抬脚。他不动声色，笔法稳健。

来自世界各地的雕塑家们风格各异的雕塑作品，在他笔下已汪洋恣肆出不同国家、民族的文化神韵。我在心里说，他没有白来写生，闽江磨砺的不仅仅是他的画技，还有他的心性、定力。

这座城市的款爷，逐鹿闽江的豪情从未停止，有一朋友掏出积蓄，购置了沿江的豪宅。追求的若是幸福，倒也罢了，而他追求的是比别人幸福。房子一直闲置着，多少透露出主人跟风炫富的意味，至少表明他不太需要这个居所。不曾想，有天晚上，他来巡视房子，来了就不想走了，推窗可望江流，入眠即枕江涛，猛然间决定把剩下的人生交给这盈盈一水。他多次盛情邀请我们去他家玩，我们没去，但从他的表情，可以想象住在那个临水而筑的高楼里，该有多么幸福！

水波流转，春秋几度，再见他时，他春风扑面，小锤子般声声擂人的粗声重韵的福州方言，在他嘴里也早失去了先前的凌厉与棱角。是闽江软化了他的傲慢与尖刻，清澈的闽江水洗去了他的铅华，江野清风扫去了他的心尘。我说，你买这套房子值了，你拥有的不仅是安然的居所，明快的生活，还有一颗清正逸达的心，这是附加在房价之外的文化增值。他听了不置可否，嘿嘿一笑。

一直知道，水，构成了湿润的偏旁，滑润、濡润、滋润、温润，一个比一个美好，却没料到心性与水是如此紧密相关。倘若没有这条江，朋友一身烟华如何散尽？倘若没有这道水，朋友浮躁的灵魂怎能踏实下来？他的转变，刺激着我悄悄贪恋起这一条江，说不定哪天也在闽江水岸安家。《我家住在闽江边》的旋律我是熟悉的，真要是亲水而居，放歌江畔，也许我能以主人的身份，唱出另一种感受与深情。

其实，应该纠正，人不能作为主人，只能以随仆的身份，感激地匍匐在闽江的膝前。闽江自始至终都应该是主角，人没有理由去动摇它的地位，霸道地越居其上。科学早就证实，生命起源于海洋，水是生命活动的重要成分，通俗讲，水是人类的父母，人类的故事从水开始的。从此，我们如何爱水敬水都不过分。何况，水还浸润了大地，草绿花开；还滋养了庄稼，充饥果腹。临水而居的子民，应该带着与生俱来的使命，以仆人的角色感恩，谦卑地蹲

闽江夜景

下来，再蹲下来，庇护大地上纵横的水系：一汪泉、一挂瀑、一亩潭、一方池、一片湖、一道溪、一条江，执着地坚守这方静谧的家园。唯其“水主人仆”的关系，才是科学理性的，才是和谐长久的。

三

闽江的夜色，温柔而妩媚。

脚下是静静流淌的闽江，两岸是气宇轩昂的高楼，大有君临之气，万家灯火星星点点，楼群轮廓灯不断变幻炫彩，宛如一树繁花开遍；桥梁弯下粗壮的腰，深情地拥吻着江水。江上，吹来璀璨的夜风。

高楼真实的色彩和线条，一股脑地倒映在闽江里，灯光波影共徘徊，彼此间成就了水对高楼进行临摹，高楼以江面作为镜像。水真是一支大彩笔啊，将蕴藏在平凡中的伟大，隐没在暗淡里的光明，都在有限的篇幅中呈现出来。水的倒影增加了景深，产生了虚实对比、交相辉映的画面。月光下，水面微波粼粼，绿树、高楼、彩灯、夜空交织变幻。倒影、逆光、反射；水光闪烁，色彩缤纷，如诗如画。视野收放开合中，感悟到矛盾组合的辩证存在—永恒与流逝，现代与古老，硬朗与柔软，真实与虚幻，统统有机统一了。风过处，漾动一江盛景。

历史就是那一江波光滟影吗？诸峰环野绿，一水抱城流，昔日的福州被闽江玉臂紧紧环拥，若干年后的今天，一江穿城而过，水在城中央，扩大的不仅仅是版图，还有眼界和胸襟。水不再作为城区天然的划分边界，而是成为城市框架的某条轴线，贯穿全城，宛如掌心中那条清晰绵延的生命线。曾经的两岸，殷殷对望，靠的是一桥一橹，转眼间已是座座高桥飞架南北，使南北对望变成亲密对接，桥下水流哗哗，桥上人来车往，咫尺不再天涯。

是啊，历史的光景就在这汩汩涌流的闽江里。“一水绕三山”的城雕，依然那么巍昂醒目，它是榕城的美妙象征，也是市民对闽江的一曲颂歌。漫漫岁月，不尽闽江滚滚来，更行更远更生，以母亲河的角色，孕育了一座闽都古城。

当然，流淌并非只属于地域、方位这些历史空间，还有时间。空间也许会改变、消失，时间不会。闽江喜欢流淌，并一直流淌着，前前后后迂迂回回，流淌出时光的去向。水在走，云在走，人在走，涛涌云飞，水流脉脉，都不过是时间岸崖旁一抹浓来淡去的风景。

因为水具有精神向度，就连一些带“水”的成语、诗词都别有韵味。水滴石穿、水乳交融、水到渠成、水涨船高；问渠哪得清如洗，为有源头活水来；水可载舟亦可覆舟；仍怜故乡水，万里送行舟；远看山有色，近听水无声；请君试问东流水，别意与之谁短长……要么与人类探索奋斗的品质紧密相衔，要么以生活哲理的名义给人类以精神启迪。

闽江，是一条无须预约的江，不同时段总有无数的人从各个角落散逸出来，聚首江边，尽情分享春声秋色、汐涌潮生。闽江，又是一条通往内心的江，雾锁心穹时，不妨来到江边，随便向江中投下一颗石子，即可问心问路，找到人生的出口。我不知道我为什么能想出这些带有思辨色彩的点滴。可能，闽江的夜晚适合思考；抑或，闽江本是一位导师，没有太多的语言，只有轻波微浪，但就是这轻松简短的语言背后，也能引发我们的思考，关于河流本身、关于人类、关于生命、关于历史、关于文化、关于未来的纵深思考。

我诚挚地爱着闽江，包括闽江带给我的启迪与思考。所以，我还会去拜访它，而且说去就去。非要一个理由的话，那就是爱它。我想，这是最真实的动机和最好的理由。正如我第一次见到闽江，就爱上了它——尽管之前带着美好的想象与猜测，但与闽江邂逅的那一瞬，来自生命的灵动彻底湿润了我的眼。

所以，我会常去。不在乎和谁一起看过江，遇见过谁，告别过谁；不在乎生命的偶然与必然，人生的浮沉起落；只在乎这条我所深深爱着的江，是否永远保持它的清洁、丰沛、安宁与活力。

闽江夜明景

【胜迹】

游览建议路线

三山（于山、乌石山、屏山）　福州西湖　林则徐祠堂

福州名胜分布示意图

冶城

【宋】陈　轩

城里三山古越都，楼台相望跨蓬壶。
有时细雨微烟罩，便是天然水墨图。

太姥山

【宋】刘　镇

滚滚千山入马蹄，出游回首日平西。
人从杜宇鸣时别，天向蒹葭静处低。
白鸟得鱼閒钓艇，黄蜂抱蕊闹花枝。
好将太姥山前路，付与孤猿自在啼。

林则徐 像

赴戍登程口占示家人

【清】林则徐

力微任重久神疲，再竭衰庸定不支。
苟利国家生死以，岂因祸福避趋之？
谪居正是君恩厚，养拙刚于戍卒宜。
戏与山妻谈故事，试吟断送老头皮。

【名篇】

福州的西湖

◎ 郁达夫

天气热了之后，真是热得不可耐，而又不至于热死的时候，我们老会有那一种失神状态出现，就是嗒焉若丧的状态。茫茫然，浑浑然，知觉是有的，感觉却迟钝一点；看周围的事物风景，只融成一个很模糊的轮廓，对极熟悉的环境，也会发生奇异的生疏感，仿佛似置身在外国，又仿佛是回到了幼小的时期，总之，是一种半麻木的入梦的状态。

与此相反，于烈日行天的中午，你若突然走进一处阴凉的树林，或如烧似煮地热了一天，忽儿向晚起微风，吹尽了空中的热气，使你得在月明星淡的天盖下静躺着细看天河；当这些样的时候，我们也会起一种如梦似的失神状态，仿佛是从噩梦里刚苏醒转来的样子，既不愿意

福州西湖

动弹，也不能够把注意力集中，陶然泰然，本不知道有我，更不知道有我以外的一切纠纷。

这两种情怀，前一种分明有不快的下意识潜伏在心头，而后一种当然是涅槃的境地。在福州，一交首夏，直到白露为止，差不多每日都可以使你体味到这两种至味。

因为福州地处东海之滨，所以夏天的太阳出来得特别的早；可是阳光一普照，空气，地壳，山川草木，就得蒸吐热气。故而自上午八九点钟起，到下午五时前后止，热度大约总在八十六七至九十一二度的中间。依这一度数看来，福州原也并不比别处特别的热，但是一年到头——十二个月中间，差不多有四五个月，天天都是如此，因而新自外地来的人，总觉得福州这地方比别处却热得不同。在福州热的时间虽则长一点，白天在太阳底下走路的苦楚，虽则觉得难熬一点，但福州的夏夜，实在是富有着异趣，实在真够使人留恋。我假使要模仿《旧约》诸先知的笔调，写起牧歌式的福州夏夜记事来，那开始就得这么的说：

——太阳平西了，海上起了微风。天上的群星放了光，地上的亚当夏娃的子女，成群，结队，都走向西去，同伊色列人的出埃及一样。……

为什么一到晚上，福州的住民大家要走向西去呢？就因为在福州的城西，也有一个西湖，是浮瓜沉李，夏夜乘凉的唯一的好地方。

没有到福州之先，我并不知道福州也有一个西湖。虽则说“天下西湖三十六”，但我们所习知的，总只是与苏东坡有关的几个，河南颍上、广东惠州与浙江杭州。到了福州之后，住上了年余，闲来无事，到各处去走走，觉得西湖在福州的重要，却也不减似杭州，尤其是在夏天。让我们先来查一查这福州西湖的历史（当然是抄的旧籍），乾隆徐景熹修的《福州府志》里说：西湖在候官县西三里。《三山志》里说：蓄水成湖，可荫民田。《闽都记》里说：周回二十里，引西北诸山溪水注于湖，与海通潮汐，所溉田不可胜计。《闽书》里说：西湖，晋太守严高所凿，蓄泄泽民田，周围十数里，王审知时大之，至四十余里。

自从晋后，这西湖屡塞屡浚，时大时小；最后到了民国，许世英氏在这里做省长的时候，还大大地疏浚了一次，并且还编了一部十二大册的《西湖志》。到得现在，时势变了，东北角城墙拆去，建设厅正在做植树，修堤，筑环湖马路的工作。千余年来西湖的历史，不过如此；但史上西湖的黄金时代，却有先后的两期。其一，是王审知王闽以后的时期。闽王宫殿，就筑在现在的布使埕威武军门以内；闽王鏻时，朝西筑甬道，可以直达西湖，在湖上并且更筑起了一座水晶的宫殿，居民道上，往往可以听见地下的弦索之音。

闽王后代，不知前王创业的艰难，骄奢淫逸，享尽了人间的艳福；宫婢陈金凤的父子聚麀，湖亭水嬉，高唱棹歌，当然是在这西湖的圈里，这当是西湖的第一个黄金时代。

其次，是宋朝天下太平，风流太守，像曹颖区，程师孟，蔡君谟等管领的时代。诗酒流连，群贤毕至，当时的西湖虽小，而流传的韵事却很多！现在市场上流行的那部民国初年修的《西湖志》里，所记的遗闻轶事，歌赋诗词，亦以这一代的为多，称它为西湖第二期的黄金时代，大约总也不至大错。

其后由元历明，以及清朝的一代，虽然也有许多诗人的传说在西湖；但穷儒的点缀，当然只是修几间茅亭，筑一些坟墓而已，像帝王家、太守府那般的豪举，当然是没有的。

这些都是西湖的家谱，只能供好寻故事的人物参考，现在却不得不说一说西湖的面貌，以尽我介绍这海滨西子之劳；万一这僻处在一方的静女，能多得到几位遥思渴慕的有情人，则我一支秃笔的功德也可以说是不少。

杭州的西湖，若是一个理想中的粉本，那么可以说颐和园得了她的紧凑，而福州的西湖，独得了她的疏散。各有点相像，各有各的好处，而各在当地的环境里，却又很位置的得当。总之，是一湖湖水，处在城西。水中间有一堆小山，山旁边有几条堤，几条桥，与许多楼阁与亭台。远一点，是附廓的乡村；再远一点，是四周的山，连续不断的山。并且福州的西湖之于闽江，也却有杭州的西湖与钱塘江那么的关系，所以要说像，正是再像也没有。但是杭州湖上的山，高低远近，相差不多；由俗眼看来，虽很悦目，一经久视，终觉变化太少，奇趣毫无。

福州西湖公园正门

而福州的西湖近侧，要说低岗浅阜，有城内的屏山（北）与乌石山（南），城外的大梦山祭酒山（西）。似断若连，似连实断。远处东望鼓山连峰，自莲花山一路东弛，直到海云生处。有时候夕阳西照，有时候明月东升，这一徘东头的青嶂，真若在掌股之间；山上的树木危岩，以及树林里的禅房僧舍，都看得清清楚楚；与西湖的距离，并不迫近眉睫，可也不远在千里，正同古人之所说，如硬纸写黄庭，恰到好处的样子。

福州的西湖，因为面积小，所以十景八景的名目，没有杭州的那么有名，并且时过境迁，如大梦松涛的一景，简直已经寻不出一个小浪来了，其他的也就可想而知。但是开化寺前的茶店，开化寺后，从前大约是宛在堂的旧址的那一块小阜，却仍是看晚霞与旭日的好地方。西面一堤，过环桥，就可以走上澄澜堂去，绕一个圈子，可以直绕到北岸的窑角诸娘的家里，这些地方总仍旧是千余年前的西湖的旧景。并且立在环桥上面，北望诸山腰里的人家，南瞻乌石山头的大石，俯听桥洞下男男女女的行舟，清风不断，水波也时常散作鳞文，以地点来讲，这桥上当是西湖最好的立脚地。桥头东西，是许世英氏于“五四”那一年立“击楫”碑的地方，此时此景，恰也正配。

福州西湖的游船，有一种像大明湖的方舟，有一种像平常的舢板，设备倒也相当的富丽，但终因为湖面太小了一点，使人鼓不起击楫的勇气；又因为湖水不清，码头太少，

福州西湖一角

四岸没有可以上去游玩的别墅与丛林，所以船家与坐船的人，并没有杭州那么的多。可是年年端午，西湖的里里外外、上上下下，总是人多如鲫，挤得来寸步难移；这时候这些船家，便也可以借吊屈原之名而扬眉吐气，一只船的租金，竟有上二三元一日的；八月半的晚上，当然也是一样。

对于福州的西湖，我初来时觉得她太渺小，现在习熟了，却又觉她的楚楚可怜。在《西湖志》的附录里，曾载有一位湖上的少女，被人买去作妾；后来随那位武弁到了北京，因不容于大妇，发配厮养卒以终。少女多才，赋诗若干绝以自哀，所谓“为问生身亲父母，卖儿还剩几多钱”以及“嫁得伧父双脚健，报人夫婿早登科”等名句，就是这一位福州冯小青之所作。诗的全部，记得《随园诗话》和《两般秋雨庵随笔》里都抄登着在。她，这一位可怜的少女，我觉得就是福州西湖的化身；反过来说，或者把西湖当作她的象征，也未始不可。

郁达夫（1896—1945）

原名郁文，字达夫，幼名阿凤，浙江富阳人，中国现代著名小说家、散文家、诗人，中国左翼作家联盟发起人之一，代表作有短篇小说集《沉沦》、小说《迟桂花》等。

我的故乡

◎冰　心

我生于1900年10月5日（农历庚子年闰8月12日），7个月后我就离开了故乡——福建福州。但福州在我的心里，永远是我的故乡，因为它是我的父母之乡。我从父母亲口里听到的极其琐碎而又极其亲切动人的故事，都是以福州为背景的。

我母亲说：我出生在福州城内的隆普营。这所祖父租来的房子里，住着我们的大家庭，院里有一个池子，那时福州常发大水，水大的时候，池子里的金鱼都游到我们的屋里来。

我的祖父谢銮恩（子修）老先生，是个教书匠，在城内的道南祠授徒为业。他是我们谢家第一个读书识字的人。我记得在我十一岁那年（1911年），从山东烟台回到福州的时候，在祖父的书架上，看到薄薄的一本套红印的家

冰心故居

谱。第一位祖先是昌武公，以下是顺云公、以达公，然后就是我的祖父。上面仿佛还讲我们谢家是从江西迁来的，是晋朝谢安的后裔。但是在一个清静的冬夜，祖父和我独对的时候，他忽然摸着我的头说："你是我们谢家第一个正式上学读书的女孩子，你一定要好好地读呵。"说到这里，他就原原本本地讲起了我们贫寒的家世！原来我的曾祖父以达公，是福建长乐县横岭乡的一个贫农，因为天灾，逃到了福州城里学做裁缝。这和我们现在遍布全球的第一代华人一样，都是为祖国的天灾人祸所迫，漂洋过海，靠着不用资本的三把刀，剪刀（成衣业）、厨刀（饭馆业）、剃刀（理发业）起家的，不过我的曾祖父还没有逃得那么远！

那时做裁缝的是一年三节，即春节、端午节、中秋节，才可以到人家去要账。这一年的春节，曾祖父到人家要钱的时候，因为不认得字，被人家赖了账，他两手空空垂头丧气地回到家里，等米下锅的曾祖母听到这不幸的消息，沉默了一会，就含泪走了出去，半天没有进来。曾祖父出去看时，原来她已在墙角的树上自缢了！他连忙把她解救了下来，两人抱头大哭；这一对年轻的农民，在寒风中跪下对天立誓：将来如蒙天赐一个儿子，拼死拼活，也要让他读书识字，好替父亲记账、要账。但是从那以后我的曾祖母却一连生了四个女儿，第五胎才来了一个男的，还是难产。这个难得出生的男孩，就是我的祖父谢子修先生，乳名"大德"的。

这段故事，给我的印象极深，我的感触也极大！假如我的祖父是一棵大树，他的第二代就是树枝，我们就都是枝上的密叶；叶落归根，而我们的根，是深深地扎在福建横岭乡的田地里的。我并不是"乌衣门第"出身，而是一个不识字、受欺凌的农民裁缝的后代。曾祖父的四个女儿，我的祖姑母们，仅仅因为她们是女孩子，就被剥夺了读书识字的权利！当我把这段意外的故事，告诉我的一个堂哥哥的时候，他却很不高兴地问我是听谁说的。当我告诉他这是祖父亲口对我讲的时候，他半天不言语，过了一会才悄悄地吩咐我，不要把这段故事再讲给别人听。当下，我对他的"忘本"和"轻农"就感到极大不满！从那时起，我就不再遵守我们谢家写籍贯的习惯。我写在任何表格上的籍贯，不再是祖父“进学”地点的“福建闽侯”，而是“福建长乐”，以此来表示我的不同意见！

我这一辈子，到今日为止，在福州不过前后待了两年多，更不用说长乐县的横岭乡了。但是我记得在 1911 年到 1912 年之间我们在福州的时候，横岭乡有几位父老，来邀我的父亲回去一趟。他们说横岭乡小，总是受人欺侮，如今族里出了一个军官，应该带几个兵勇回去夸耀夸耀。父亲恭敬地说，他可以回去祭祖，但是他没有兵，也不可能带兵去。我还记得父老们送给父亲一个红纸包的见面礼，那是一百个银角子，合起值十个银元。父亲把这一个红纸包退回了，只跟父老们到横岭乡去祭了祖。1920 年前后，我在北京《晨报》写过一篇叫作《还乡》的短篇小说，就讲的是这个故事。现在这张剪报也找不到了。

从祖父和父亲的谈话里，我得知横岭乡是极其穷苦的。农民世世代代在田地上辛勤劳动，过着蒙昧贫困的生活，只有被卖去当“戏子”，才能逃出本土。当我看到那包由一百个银角子凑成的“见面礼”时，我联想到我所熟悉的山东烟台东山金钩寨的穷苦农民来，我心里涌上了一股说不出来难过的滋味！我很爱我的祖父，他也特别地爱我，一来因为我不常在家，二来因为我虽然常去看书，却从来没有翻乱他的书籍，看完了也完整地放回原处。1911 年我回到福州的时候，我是时刻围绕在他的身边转的。那时我们的家是住在“福州城内南后街杨桥巷口万兴桶石店后”。这个住址，现在我写起来还非常地熟悉、亲切，因为自从我会写字起，我的父母亲就时常督促我给祖父写信，信封也要我自己写。这所房子很大，住着我们大家庭的四房人。祖父和我们这一房，就住在大厅堂的两边，我们这边的前后房，住着我们一家六口，祖父的前、后房，只有他一个人和满屋满架的书，那里成了我的乐园，我一得空就钻进去翻书看。我所看过的书，给我的印象最深的是清袁枚（子才）的笔记小说《子不语》，还有我祖父的老友林纾（琴南）老先生翻译的线装的法国名著《茶花女遗事》。这是我以后竭力搜求“林译小说”的开始，也可以说是我追求阅读西方文学作品的开始。

我们这所房子，有好几个院子，但它不像北方的“四合院”的院子，只是在一排或一进屋子的前面，有一个长方形的“天井”，每个“天井”里都有一口井，这几乎是福州房子的特点。这所大房里，除了住人的以外，就是客室和书房。几乎所有的厅堂和客室、书房的柱子上墙壁上都贴着或挂着书画。正房大厅的柱子上有红纸写的很长的对联，我只记得上联的末一句，是“江左风流推谢傅”，这又是对晋朝谢太傅攀龙附凤之作，我就不屑于记它！但这些挂幅中的确有许多很好很值得记忆的。如我的伯叔父母居住的东院厅堂的楹联，就是：海阔天高气象，风光月霁襟怀。又如西院客室楼上有祖父自己写的：

知足知不足
有为有弗为

这两副对联，对我的思想教育极深。祖父自己写的横幅，更是到处都有。我只记得有在道南祠种花诗中的两句：

花花相对叶相当
红紫青蓝白绿黄

在西院紫藤书屋的过道里还有我的外叔祖父杨维宝（颂岩）老先生送给我祖父的一副对联，是：

有子才如不羁马
知君身是后凋松

那几个字写得既圆润又有力！我很喜欢这一副对子，因为“不羁马”夸奖了他的侄婿，我的父亲，“后凋松”就称赞了他的老友，我的祖父！从“不羁马”应当说到我的父亲谢葆璋（镜如）了。他是我祖父的第三个儿子。我的两个伯父，都继承了我祖父的职业，做了教书匠。在我父亲十七岁那年，正好祖父的朋友严复（又陵）老先生，回到福州来招海军学生，他看见了我的父亲，认为这个青年可以“投笔从戎”，就给我父亲出了一道诗题，是“月到中秋分外明”，还有一道八股的破题。父亲都做出来了。在一个穷教书匠的家里，能够有一个孩子去当“兵”领饷，也还是一件好事。于是我的父亲就穿上一件用伯父们的两件长衫和半斤棉花缝成的棉袍，跟着严老先生到天津紫竹林的水师学堂，去当了一名驾驶生。

父亲大概没有在英国留过学，但是作为一名巡洋舰上的青年军官，他到过好几个国家，如英国、日本。我记得他曾气愤地对我们说：“那时堂堂一个中国，竟连一首国歌都没有！我们到英国去接收我们中国购买的军舰，在举行接收典礼仪式时，他们竟奏一首《妈妈好糊涂》的民歌调子，作为中国的国歌，你看！”甲午中日海战之役，父亲是“威远”舰上的枪炮二副，参加了海战。这艘军舰后来在威海卫被击沉了。父亲泅到刘公岛，从那里又回到了福州。

我的母亲常常对我谈到那一段忧心如焚的生活。我的母亲杨福慈，十四岁时她的父母就相继去世，跟着她的叔父颂岩先生过活，十九岁嫁到了谢家。她的婚姻是在她九岁时由我的祖父和外祖父作诗谈文时说定的。结婚后小夫妻感情极好，因为我父亲长期在海上生活，“会少离多”，因此他们通信很勤，唱和的诗也不少。我只记得父亲写的一首七绝中的三句：

□□□□□□□，
此身何事学牵牛。
燕山闽海遥相隔，
会少离多不自由。

甲午海战爆发后，因为海军里福州人很多，阵亡的也不少，因此我们住的这条街上，今天是这家糊上了白纸的门联，明天又是那家糊上白纸门联。母亲感到这副白纸门联，总有一天会糊到我们家的门上！她悄悄地买了一盒鸦片烟膏，藏在身上，准备一旦得到父亲阵亡的消息，她就服毒自尽。祖父看到了母亲沉默而悲哀的神情，就让我的两个堂姐姐，日夜守在母亲身旁。家里有人还到庙里去替我母亲求签，签上的话是：

筵已散，堂中寂寞恐难堪，
若要重欢，除是一轮月上。

母亲半信半疑地把签纸收了起来。过了些日子，果然在一个明月当空的夜晚，听到有人敲门，母亲急忙去开门时，月光下看见了辗转归来的父亲！母亲说：“那时你父亲的脸，才有两个指头那么宽！”

从那时起，这一对年轻夫妻，在会少离多的六七年

冰心故居厅堂

之后，才断守了几个月。那时母亲和她的三个妯娌，每人十天替大家庭轮流做饭，父亲便帮母亲劈柴、生火、打水，做个下手。不久，海军名宿萨鼎铭（镇冰）将军，就来了一封电报，把我父亲召出去了。

1912 年，我在福州时期，考上了福州女子师范学校预科，第一次过起了学校生活。头几天我还很不惯，偷偷地流过许久眼泪，但我从来没有对任何人说过，怕大家庭里那些本来就不赞成女孩子上学的长辈们，会出来劝我辍学！但我很快地就交上了许多要好的同学。至今我还能顺老师上班点名的次序，背诵出十几个同学的名字。福州女师的地址，是在城内的花巷，是一所很大的旧家第宅，我记得我们课堂边有一个小池子，池边种着芭蕉。学校里还有一口很大的池塘，池上还有一道石桥，连接在两处亭馆之间。我们的校长是黄花岗七十二烈士中之一的方声洞先生的姐姐方君瑛女士。我们的作文老师是林步瀛先生。在我快离开女师的时候，还来了一位教体操的日本女教师，姓石井的，她的名字我不记得了。我在这所学校只读了三个学期，中华民国成立后，海军部长黄钟瑛（赞侯），又来了一封电报，把父亲召出去了。不久，我们全家就到了北京。

对于故乡的回忆，只能写到这里，十几年来，我还没有这样地畅快挥写过！我的回忆像初融的春水，涌溢奔流。十几年来，睡眠也少了，“晓枕心气清”，这些回忆总是使人欢喜而又惆怅地在我心头反复涌现。这一幕一幕的图画或文字，都是我的弟弟们没有看过或听过的，即使他们看过听过，他们也不会记得懂得的，更不用说我的第二代第三代了。我有时想如果不把这些写记下来，将来这些图文就会和我的刻着印象的头脑一起消失。这是否可惜呢？但我同时又想，这些都是关于个人的东西，不留下或被忘却也许更好。这两种想法在我心里矛盾了许多年。

1936 年冬，我在英国的伦敦，应英国女作家弗吉尼亚·沃尔夫（Virginia Woolf）之约，到她家喝茶。我们从伦敦的雾，中国和英国的小说、诗歌，一直谈到当时英国的英王退位和中国的西安事变。她忽然对我说：“你应该写一本自传。”我摇头笑说：“我们中国人没有写自传的风习，而且关于我自己也没有什么可写的。”她说：“我倒不是要你写自己，而是要你把自己作为线索，把当地的一些社会现象贯穿起来，即使是关于个人的一些事情，也可作为后人参考的史料。”我当时没有说什么，谈锋又转到别处去了。

事情过去四十三年了，今天回想起来，觉得她的话也有些道理。“思想再解放一点”，我就把这些在我脑子里反复呈现的图画和文字，奔放自由地写在纸上。

福州夜景

记得在半个世纪之前，在我写《往事》（之一）的时候，曾在上面写过这么几句话：

索性凭着深刻的印象，
将这些往事
移在白纸上罢——
再回忆时
不向心版上搜索了！

这几句话，现在还是可以应用的。把这些图画和文字，移在白纸上之后，我心里的确轻松多了！

冰心（1900—1999）

福建长乐人，原名谢婉莹，笔名冰心，取“一片冰心在玉壶”意，现代著名诗人、作家、翻译家、儿童文学家，主要著作有诗集《繁星》《春水》，小说散文集《超人》《往事》，通讯集《寄小读者》等。

【今作】

福州茶香

◎ 吴新立

在福州，最初闻到茶香，是在一大早走过闽江东岸健身步道那棵大榕树下时闻到的，几个老人或站或坐，正用高亢而富于声调变化的当地话在聊着什么，空气中弥漫着桂花和米兰释放的香气，还有一种时有时无温暖而熟悉的香，从老人慢慢旋开的杯中飘出，不知为什么，那一瞬间，老榕树、老人和那飘忽的茶香让我非常感动。

再次闻到茶香，是在第二天早晨，那是我一个人在菜市场闲逛，一路感受闽南陌生的风情，视觉、听觉、嗅觉敏锐异常。突然抬头，看到一块“百年老店新到安溪新茶”的招牌，看店面不大，也看不出老店的典雅，可我还是走了进去。迎面一股清新的茶香扑来，深嗅

福州的茶

下去，那茶香更浓烈，相信那会儿我鼻孔翕动的样子一定很夸张。我急得像一个孩子，想知道这茶香是新茶香还是熏蒸百年的店面香，对老板连说带比划要看新茶。我讲普通话，他懂我，可他的话却怎么也听不懂，他的身体语言告诉我，店里所有上架的都是新茶！这怎么可能，在大连，茶店应季上新茶，只能是很少一部分，这里怎么可能卖的全是新茶？我的眼神迷离地看去，以为新茶的品种会是我们北方人喝得满口喷香的花茶，谁知又吃了一惊，货架上下满满堆放的茶竟然没有花茶的影子，几乎全是铁观音，只有一两个品种的绿茶。要说铁观音，大连人也不陌生，但平时没人喝，倒是我供职的那家公司常在日本商人来的时候，用透明的茶壶泡上叶子夸张的铁观音给日本人喝，尽管场合比较严肃，可总会有人流露出看不起的表情，原因就是大家觉得铁观音不好喝。可眼下，我确信这令人沉醉的茶香就是铁观音茶香，尽管装在又圆又高的大玻璃瓶里或用锡箔纸包装并压得很实，但铁观音茶的香气真的是挡不住的异香。

所有的疑惑，都在随后的几天和当地人接触中如冰消释。那天，我如约去见一家公司的老总，一进门就闻到淡淡的茶香，茶几上略显凌乱，显然有客人刚刚离开。大家略微寒暄，谈话就在主人娴熟的泡茶动作中开始了，只见他先用滚沸的水冲洗茶具，接着从一个铁质的盒子里取出来一小袋包装精致的茶，在茶叶倒进茶碗的瞬间，我看到茶粒很绿、很大、很饱满，接下来的动作，主人竟不再招呼我们，一脸率真的表情，自顾自一口气做下来，用滚沸的水洗茶（已经是我们的头遍茶），茶汤倒进带滤网的茶海里，再从茶海倒进茶杯里，至此，手划出一道优美的曲线，茶汤倒进了用镂空红木做成的茶盘里。一时间，茶香四溢，大家的感官一下子被激活，人也长了精神。喝茶也要造势，也要营造气氛，彼时刻，体会如是。在我想心思的那一瞬间，主人一脸陶醉的表情，鼻子夸张地贴近那茶盖深呼吸。等那一小杯碧绿的茶轻轻地摆在我面前时，我已经不能自已，那茶香，好像已不是用鼻子闻到的，而是从我的体内绵绵不断透出来。一杯绿中泛黄的茶汤举到鼻吻之间，我像

嗅到了最好的年份里窖藏的葡萄酒，那香霎时无处不在。那是在雨后初晴从遮天蔽日的森林中透出的缕缕阳光，是从泡沫般柔软的青草地上蒸发出的气味，是草香，是水汽，是不掺杂一点外界尘埃的至纯品质。我一直赞成用平常心泡茶，用如水之心泡茶，从茶的品性上参悟人生，可老实说，我们对茶这大自然的精华了解不多。人与自然的交流应该在尊重对方的基础上进行，人，只有充分尊重自然物种的品质，才能融自然精华于心，体会生命的律动和价值，茶文化不是空穴来风，而是有融茶品于人品的实在内涵啊。

福州人对茶的尊重从小处看更动人，就说洗茶杯吧，在我生活的城市大连，一般把茶具洗干净倒置控干，放在酒柜里，讲究的人家会放在消毒柜里。干净是干净，但只是个盛水盛茶的容器，没有浸润的茶香，没有水温，在使用前和茶没什么关系，这还算好，老家晋中人喝茶就难以入口了，夏天里去串门，每家都有茶，但很少有现泡的，一般都是泡好了放在那里，茶汤浑浊变味不说，那茶杯用随手抓来的毛巾擦干了装茶送给你，尽管乡情温暖，可你哪里喝得下去！福州的茶在入口之前，看似洗实是敬，当然也是渲染气氛，极尽感官之诱惑，更直观地理解，是否可以理解为对大自然的感谢和对物的崇拜呢？是不是有了这样一个开始，才能更好地喝茶交流和对话呢？

对福州的茶，我一下子着了迷。回北方的时候，别的东西不考虑，先带一套功夫茶具回去，当然还有铁观音，也一定要在演绎功夫茶的同时，把我对茶的理解认真地说给朋友听，不用说，那会儿一定会泡出满室茶香。

站在福州的阳台上眺望

◎南 帆

有那么一段时间，我常常用一个问题为难自己：有朋自远方来，如何向他们炫耀我的故乡？

福州仿佛是一个撤退到山坳里的城市，隐藏于一块不大的盆地之中。站在寓所的阳台上，望得见这个城市四周起伏的钢蓝色山脉。燕赵的慷慨悲歌或者赤壁古战场的云烟已经被重重叠叠的山峦挡在了北面。这个城市居民的老祖宗多半是从中原逃过来的。中原大地英雄辈出，旌旗变幻，一个又一个的王朝走马灯似的轮换；然而，刀光剑影的缝隙，一批又一批蝼蚁小民扶老携幼，仓皇奔走，东一撮西一撮地躲进了中国南部的大山褶皱里面。太平盛世的时候，几个讲究情趣的皇帝抽暇会到称之为“江南”的后花园逛一逛，可是，骚人墨客“乱

福州的榕树

福州冶山

花渐欲迷人眼，浅草才能没马蹄”赞颂的是杭州。杭州以南的偌大地盘一下子滑出了历史的视野，只有逃难的时候才想得起来。福州的历史上仅有过两个皇帝的足迹：南宋的赵昰和明唐王朱聿键。他们都是王朝将倾之际乘乱南逃的皇室成员，匆匆在福州登基称帝，试图在这个小小的盆地里重新拼接破碎的山河。这两个人都未能如愿，福州并没有在千古兴亡的轮回之中成为一个显眼的驿站。谈起历史，福州人只得到中原追溯自己遥远的族谱。他们对北方的朋友说，福州方言才是正统的中原古音。当年老祖宗带来的中原古音分别演变成为福州方言、闽南方言和客家方言。这时，北方的朋友总是流露出满脸的怀疑神色——是吗？

两千多年前，汉高祖封一个叫无诸的人统率闽越国，定都冶山。它就是福州城的前身。更为有趣的是另一个传说：春秋时期的铸剑名家欧冶子曾经在冶山麓设灶铸剑，淬火的池塘至今犹存。我的寓所距离冶山没有几步路。暮色苍茫之际，我时常到这一带漫步。如今这个小山坡上的楼房鳞次栉比。更深夜静的时候，不知多少人还能听得到两千多年前的青铜古剑正在地底下呼啸长吟？

这些年我不断地来到北方，许多城市的名字曾经频繁地出现于各种传奇演义之中。奇怪的是，我总是在久负盛名的异乡想起福州来。推开旅馆房间的窗户，干枯的树枝与如血的夕阳令人生悲，这多半令我想到福州的黄花槐。它们生长在我长年来往的马路两旁，从不落叶，一年之中三分之二的时间都在兴高采烈地开着小黄花。至于福州的那些根须发达的大榕树如同安详的王者，冠盖如云下面的树荫摆得了十来桌的酒席。北方的空气干燥而且粗糙，常常要把鼻腔磨出血来。福州的空气却湿润柔软，沁人心脾，那条澎湃的大江穿城而过，一丝丝的潮气挥之不去。多年前炎热的夏天，我常常傍晚泡在江里游泳，然后在沙滩上将自己晒得像一条泥鳅。福州的西湖的确只是一个浅浅的水洼。可是，那是我小时候秘密钓鱼的地方。公园的管理员逮不住我们这些顽童，就放出了一条大黄狗，吓得我们撒开脚丫拼命地跑……我忽然明白了过来：我不是路过这个城市的匆匆旅人。故乡是我生活的地方，而不是用来吹牛的。这如同我们不在乎父母拥有多大的官衔，或者多么英俊的外表；即使衣裳褴褛满脸皱纹，父母仍然是我们一辈子的庇荫。

定下心之后，我一下子就想起这个城市的巷子来了。我曾经说过，巷子如同一柄利刃剖开了城市底部的经络。少年时期的一些日子，我常常独自逛荡于福州许多陌生的巷子。那些阒无一人的寂静巷子总是让我涌出一种难言的悸动，每一扇门背后仿佛都含着一个沉甸甸的秘密：江湖奇人？一桩惊天阴谋？一个可人的女孩儿？有些巷子两旁的灰墙特别高，夹缝之中的天空只剩了窄窄的一线。墙的高处开了一扇小小的方窗，不知什么时候那里会伸出一只苍白的纤纤素手？当然，现在这些巷子已经越来越少。铲车和推土机正在拆毁巷子两旁的老房子，这个城市要在那些尘土飞扬的工地上盖起一幢幢镶有玻璃幕墙的高楼。如今，我的大部分时间也是缩在某一幢高楼里面惬意地享受空调。但是，某一个下雨的日子，我会突然强烈地怀念那些巷子——我会突然想到,还能不能在巷子里逢上“一个丁香一样地,结着愁怨的姑娘”？

如同许多城市一样，无数的铲车和推土机正在像蝗虫似的吞噬旧城。福州只有三坊七巷骄傲地领到了豁免证书。三坊七巷是这个城市的一个奇迹。这个区域大约四至五平方公里，迄今仍有二百余座始建于明清的深宅大院。这些老房子纵横罗列，形成了若干条著名的巷子。当年众多的高官大儒和名流巨商不约而同地云集到这里，一个又一个响亮的名字如同午后的惊雷一阵阵滚动在历史著作之中：林则徐，沈葆桢，萨镇冰，严复，林觉民，林旭，陈宝琛，郑孝胥，林纾，林徽因，谢冰心，庐隐……他们或者是师生，或者是姻亲关系，或者是知己老友。如此短暂的时间，如此之多杰出的人物聚首于如此狭小的区域，这不是天作之合又是什么？历史的能量暗暗地积攒了这么久，福州终于在这一刻显出了非凡的重量。

其实，这是因为历史视野的改变。数百年来，整个中国开始缓缓地转过身来，终于看到了辽阔的海洋。当初，我们的老祖宗跌跌撞撞地向南奔来，一步三回头，北方的中原大地始终牵住了他们眷恋的目光。他们的巨大梦幻是返回故土，身后的大海从未引起他们激动的想象。少量的冒险分子爬上几艘小船闯入了浩森的水域,飘洋过海抵达东南亚或者更远的地方。多少代之后，他们的后裔才传回了消息——这时我们终于听说海外还存在另一个奇怪的世界。中国古代最伟大的航海壮举是明朝的郑和下西洋。这个原先姓马的太监

福州的河

为什么一次又一次地率领庞大的船队游历世界，这是历史上一个饶有趣味的谜团。明成祖朱棣打入南京，从侄儿建文帝手里夺得了皇位。可是他并没有找到建文帝的尸体。建文帝的去向湮没在各种传说之中，朱棣甚至怀疑他逃到了海外。一些历史学家猜测，郑和七下西洋的目的是查询这个前朝皇帝的下落。这种故事情节离奇，悬念丛生，以至于人们常常忽略了一个细节：福州是郑和下西洋之际出发的码头。郑和的船队从江苏的刘家港南下，泊在福州的长乐港等待冬季的东北风，通常都得逗留数月。这种故事留下的启示是，如果转身面向海洋，福州就会从历史的后排一跃而成为先锋。遗憾的是，这个启示一直到晚清才被读懂，启蒙我们的是海面上英法联军的隆隆炮声。这时我们终于意识到，历史的另一幕已经从海上开始了。林则徐、沈葆桢、萨镇冰、严复这些人只有在这个时候才可能站到了历史的聚光灯之下。

当然，我在寓所的阳台上是看不到海的。我看到的是寓所阳台下方的一条八九米宽的小河。偶尔会有一叶扁舟悠然飘过，一个戴了大斗笠的人坐在船上打捞河里的泡沫、塑料袋、烂菜叶之类飘浮垃圾。听说这个一百多万人口的城市竟然纵横交错着四十多条类似的小河，谁都得大吃一惊。行走于闹市之间，一转身就会发现路旁的树荫里一条小河旁若无人地潺潺流动。不过，寓所阳台下方的这一条小河非同寻常，它是福州旧址的护城河。附近的社区再度拆迁，拆毁的民房内部发现了一堵旧城墙。考古专家鉴定，这一堵城墙修于唐末。我倚在阳台的栅栏之上，遥想当年鼓角连营，旌旗翻飞，古战场风沙扑面，一将手执长矛飞马来到城门之下……当然，这种廉价的构思多半只到这里就会打住。到了这个年龄早已明白，站在阳台上闲适地吹一吹凉风，远比投入那些不三不四的英雄传奇重要得多。

椰风蕉林五羊城

广州

【图说】

广州位于广东省中南部，珠江三角洲北缘，濒临南海，邻近香港特别行政区和澳门特别行政区，是中国通往世界的南大门。优越的位置使广州成为中国五大中心城市之一，华南地区政治、经济、科技、教育和文化中心和中国最重要的交通枢纽之一。广州属丘陵地带，地势东北高，西南低，北部和东北部是山区，中部是丘陵、台地，南部是珠江三角洲冲积平原。中国的第三大河——珠江从广州市区穿流而过。

广州雅称“五羊城”“羊城”，是一座历史文化名城，历史文化积淀丰厚，尤其是近现代，它又长期作为革命的策源地，留下众多历史遗迹，如黄花岗七十二烈士墓、黄埔军校旧址等；近年来，广州又成为中国对外开放的一个窗口，充满生机与活力。

【走读】

漂在广州

◎ 陈启文

广州的生活节奏很快，但丝毫不乱。我到广州那年三十一岁，参加工作已十二年，这十来年教过书，在文化馆、文联搞过专业创作，后来又到湘西的张家界编杂志，事儿没少做，却从未形成明确的上班、下班概念。由于我的自由散漫，二十多岁时就有人开玩笑，说我是中国最年轻的退居二线的干部。

来广州后我的生物钟突然上紧了发条，每天早晨六点我会条件反射般地准时醒来，半个小时后走出宿舍，下楼，过环市东路人行天桥，走农林下路，转中山一路、达道路，一路步行，七点半钟就到了我上班的东山寺右一横路，还有足够的时间让我来尽情品尝广州的早茶。广州的早茶十分丰富而且极对我的胃口，即便在

广州夜景

那些街边的露天小排档上，也不缺少我想要的那种宁静而闲适的氛围。在这里，每个人都像是优雅的绅士，抽烟喝茶都进行得极其缓慢，是一种典型的消磨时光的做法。也有在谈着什么的，显得非常神秘，你甚至会觉得喝早茶这件事情本身也显得非常神秘。这段时间也的确是广州最宁静的一段时间，你甚至会看见鸟群无声地从头顶上空飞过，然后消失不见了。各种新鲜的带着露水气味的芬芳，若有若无地飘过来，很淡很淡的。这时候，所有的人都一言不发，感觉有种什么东西正飘然而至，深入人心。许多年后，在我早已远离了广州之后，仍会时常回忆起在广州街头的某棵树下静静地品味着早茶的情景，甚至是在品味某一种气味——广州的气味。

广州培养了我泡吧的习惯。至今我还想念天河宾馆那间不大的像船一样狭长的酒吧，窗外就是一个花园。窗户都开着，夜晚湿漉漉的花香如层层细浪般涌来，在钢琴的伴奏下时常会给人身在隔世的感觉。

来这里悠悠打发夜晚多余时光的大多是文人、编辑、作家、诗人。他们在城市夜晚的寂静一角，谈构思，谈选题，谈一些同城市距离比较远的事。我所在那家出版社许多后来引起广泛影响的图书选题，最初就是在这样宁静的酒吧里开始酝酿的。也有一些作家，干脆把稿纸或笔记本电脑拿到了酒吧的桌子上，空气中充满了新鲜的浓酽的啤酒的香味、咖啡的香味，这使他们的感觉变得相当敏锐，也使孤独而单调的写作有了一丝生命的暖意。

广州和别的大都市一样，对外省人同样抱有一种偏见，甚至是歧视，总觉得你是穷地方来的穷人，你是到广州来食（混口饭吃）的，连街上那些摆摊的老太，一听你操着满口的外地口音，看你也是一种睥睨的眼神了。生活在广州的确要有坚强的神经，她异样的目光考验着每一个外省人，尤其像我这种清高而脆弱的所谓文化人。

这可能与外省人给广州留下的恶劣印象有关。我在广州先后买过三辆自行车，一辆是刚买回来就被偷走了，一辆是半个月后又被偷走了，还有一辆是被所谓朋友借去后没还。这些小偷和“朋友”都是外省人，这也难免广州人对外省人十分瞧不起。要让广州人消除对你的偏见，你不但要有足够的人格力量，还要与他们肩并肩地保持步调一致的姿态，从头开始学会忍受，学会诚实，学会谦让。在人多的地方不是一个劲地往前挤，先要学会让出空隙，在受了委屈之后先别急着解释，而是另外做一件事让他们看看，而且不要担心他们看不见。广州人一旦认可了你，也就一辈子认可了你。比如说老温，每次到湖南来，再忙，也要上我家里来看看，看见了我老丈人，给一百元，看见我母亲了，又是一百元，看见我孩子了，给两百元。他并不是为了摆阔，看他的眼神就知道，那里透着对你的全部友情和真诚，每次我都在重重地叹了一口气之后更加深刻地感觉到，广州人是比我们更有人情味的，更有一种尊老爱幼的人伦美德。一次听说我要去广州，老温弄了几只大闸蟹养在家里，后来我改变了行程又未及时告诉他，这大闸蟹死了两只。他扔掉死蟹时不停地叹气，而我也没作什么解释。在广州人面前，任何解释都是多余的。他认可了你，他就觉得你的任何失信都是有原因的，至少是可以原谅的。从这件琐细的小事上也见出广州人的心性与气度。

我一度把广州视为文化沙漠，但很快我就发现这是外省人的偏见。

广州有那么多著名的报刊，或是先锋文学的前沿阵地，或始终不渝地坚守着人文精神与良知，或以无畏的理想主义精神显示出中国最强大的媒体力量。这样的报纸杂志，放在内地的任何一个省份都不可思议。当内地的许多纯文学刊物被廉价地出卖给商人时，广州却成了除北京、上海之外的另一个文学重镇。广州除了本土滋养孕育出来的优秀作家。还有许多外省来的作家，这是因为，它为纯文学创作赢得了足够宽阔的自由度。

即便在广州的酒吧里，你也很少看到那些与世无涉超尘出世一味清谈的高蹈者。在内地倒是可以看见这种毫无实践能力和行动能力的大小“知识分子”，满嘴的良知却不能主持最起码的正义。而这正是我们今天大多数文人的精神状态：消极与退缩。广州很少有这样的文人，他们都是一种随时准备出发的姿态。

广州永远不会嘲笑失败者，区庄一侧的黄花岗烈士陵园埋的几乎全是失败者。即便那些开店设档做小买卖的广州底层人民，在打开店门之前就先做好了失败的打算。广州人不像我们一开始就盘算着要赚多少钱，而是先预算好可能要赔多少钱，有没有可能赔掉身家性命。他们有自己的一个底线，失败的底线，他们也就比我们更能经受住折腾，因为早就有了心理准备。我的朋友老温去年赔掉了几十万，欠了别人一屁股债，每晚还开着车到处去唱歌。

我时常在心里把广州和深圳作比较。

在我的想象中深圳应该是一座天真未凿的城市，然而她给人的第一个感觉却是生猛海鲜。在你感觉这座城市的年轻气盛时，同时也感到了她的年轻浮躁，成长的快感大有淹没一切之势，每一个角落里都充满了潮流带来的泡沫。

从一开始她就不是广东人的城市。在持有深圳居民证的上百万人口之中，只有极少的人以白话、客家话为母语。深圳是除北京之外另一个在语言上最接近标准汉语发音的城市，这座城市里没有对外省人的歧视和偏见，海纳百川成为一种集体意识，每个人的躯壳之中都有一个热烈而冲动的灵魂。一个人没有创造的激情没有奔放的热情，是不会来到深圳的，他们只会在自己的故乡恋恋不舍地一直住到老死。从四面八方涌来的人共同创造了深圳这一制度化的杰作，她更多的不是作为文化环境，而是作为制度的强有力的证据。

但深圳的文化并不像我想象的那样芜杂，她到处弥漫的现代气息以及那种一味追求时尚的价值取向，使她成为一个最具国际化的移民城市，连非洲黑人住在这里也没有远离祖国的感觉。你在这里绝对没有精神局限。深圳有一大批靠写作为生的自由作家，他们都以深圳民俗文化村和世界之窗的精神姿态进行写作。这两处风景是深圳制造的“民俗”和“世界”，视野开阔但根底很浅，却没有人不交口称赞：很洋气，很美。可惜的是，这人造的风景里很少的一点文化内涵也被稀释得了无痕迹。深圳的作家们也很少回溯自己的精神源头，在他们的作品里也很少看到有失败感、挫折感的文字，每一个文字都简捷、明了、油漆光亮。

我决定离开广州时，一度萌生了去深圳做一个自由写作者的想法。那天，我一个人在黄花岗烈士陵园待了一整天，我感觉这就是我在广州待的最后一天。漫长的夏日，太阳把一切东西都晒得冒了烟，一切都像在这热气中飘飘摇摇的。这也是我在广州几年来的真实感觉，我一直未找到进入她的方式，一直是在这座城市漂着，落不到地上。

最终，我没去深圳，而是登上了北上的列车。那时我已经老大不小了，我得为自己的生活找到一个坚实的底部。广州，也因此成了我生命的一道深深的印痕，把我的一生隔成了两大块。对于广州，或许我只是一个失败者，一个匆匆过客,但我感到有许多难以言说的东西渗透了自己,她的沉潜与隐忍，她浓烈馥郁的人文意蕴和独放异彩的城市景观，她深情的召唤和对你意志的磨炼，都已深深地渗透了我的生命，一直渗到心的尽头。尽管我最终未能找到让自己进入这座城市的生命通道，但在远离这座城市之后，我依然觉得离她很近。

或许，一个曾经在广州生活过的人，和一个从未到过广州的人，生活的意义是完全不一样的。

【胜 迹】

游览建议路线

白云山 ··· 镇海楼 ··· 中山纪念堂 ··· 黄埔军校旧址

广州及周边地区名胜分布示意图

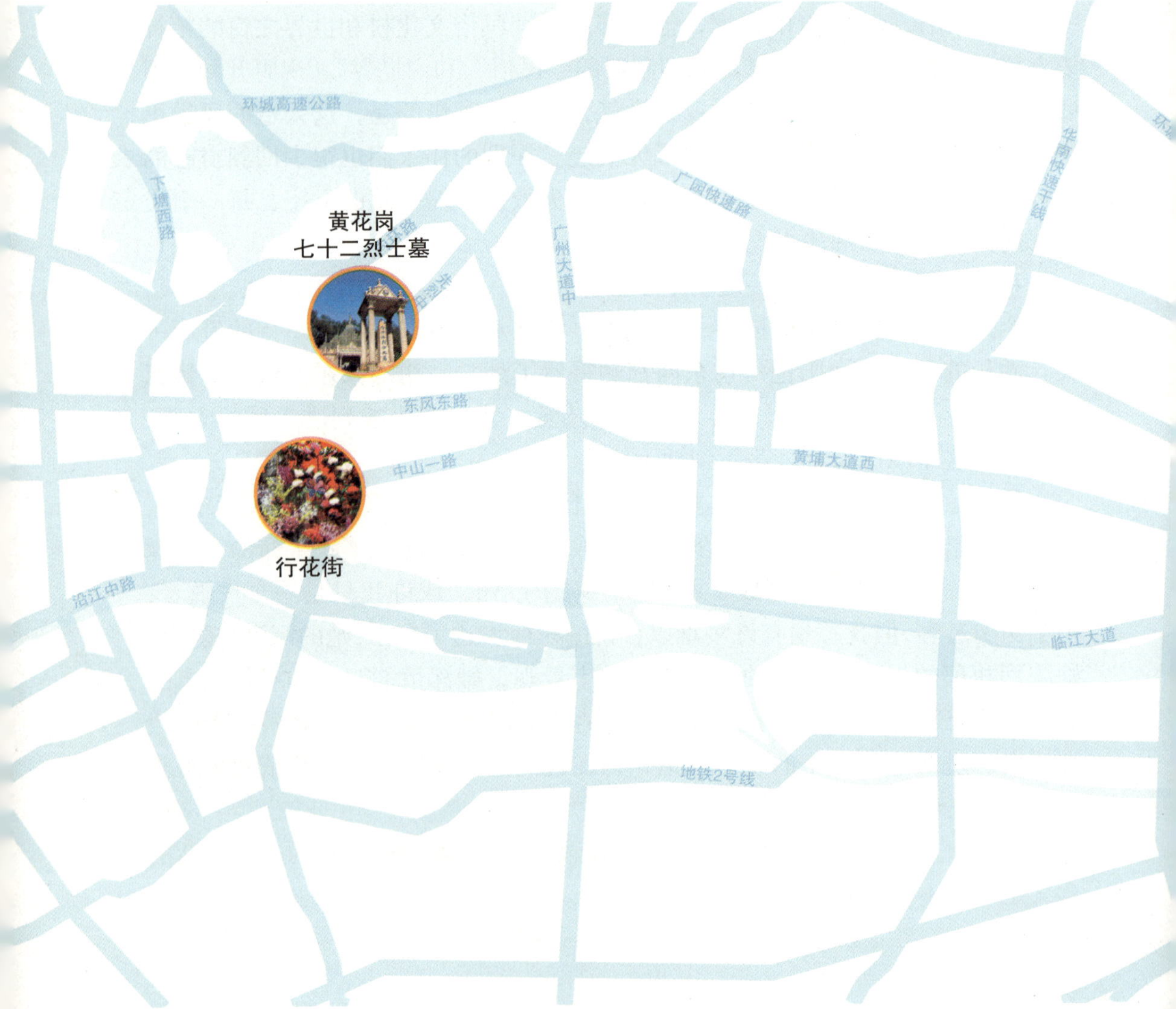

广州又叫“花城”。广州人爱花，有钱人家几千上万元一盆的进口花卉也会买上几盆，普通人家也要岁朝清供一盆金橘、几株水仙。除夕夜一家老小“行花街”是传统，也是广州市民过年的重头戏。行花街也就是逛迎春花市，年前三四天开始，除夕达高潮便结束。著名作家秦牧为此曾写过一篇著名的散文《花市》，曾是高中语文课文。

在1911年春爆发的广州起义中，有72位同盟会会员英勇牺牲，人们将其葬于广州郊外的黄花岗，这便有了“黄花岗七十二烈士墓”。人们还将其事迹编成了一本《黄花岗七十二烈士事略》，孙中山为其写了序，这便是今天中学语文课本中的课文《〈黄花岗七十二烈士事略〉序》。中学语文课本中的另一篇课文《与妻书》的作者林觉民，也是“黄花岗七十二烈士”之一。

过零丁洋

【宋】文天祥

辛苦遭逢起一经，干戈寥落四周星。
山河破碎风飘絮，身世浮沉雨打萍。
惶恐滩头说惶恐，零丁洋里叹零丁。
人生自古谁无死，留取丹心照汗青。

惠州一绝

【宋】苏　轼

罗浮山下四时春，
卢橘杨梅次第新。
日啖荔枝三百颗，
不辞长作岭南人。

苏轼 像

【名篇】

古战场春晓

◎秦　牧

在1961年春天降临之前，我来到广州北郊的三元里高地上盘桓。看着莽莽苍苍、一片锦绣、“河水萦带，群山纠纷”的大地，不禁激起了凭吊怀古的心情。

南国春早，真正的春天在崭新的日历刚刚掀开的时候，实际上已经来临了。这比冰天雪地的东北几乎要快上半年。这一带村落，现在都属于三元里人民公社，是出色的蔬菜产地，以水利工程和机耕驰名。在温煦的阳光之下，田野里东一片、西一片，都是菜园。芥兰开满了白花，白菜簇生着黄花，椰菜在卷心，枸杞在摇曳，鹅黄嫩绿，蝶舞蜂喧，好一派艳阳天景色！那条从三元里村旁掠过的公路，繁荣热闹极了，小叶桉树夹道笔立，婆娑摆舞，远看像煞江南暮春的杨柳。一队队汽车奔驰过去了，一辆辆兽力车呀呀地拉过去了，还有络绎不绝的肩挑手提的行人，都各各在公路上卷起了尘土。好一番和平劳动、熙熙穆穆的景象！这一带田野是开阔的，南望越秀山上，庄严雄伟，曾经常常被用来作为广州风

三元里抗英烈士纪念碑

景标志的五层楼，正和这里小土阜上的三元里抗英烈士纪念碑遥遥对峙。远处群山起伏，白云山、飞鹅岭像是绿色的围屏。大地到处给人一种壮阔开朗的印象。在历史名城的郊野，这样的河山气概，我们是常常可以领略到的。

被郁郁苍苍的扁柏、蒲葵、一品红、木麻黄环绕着的三元里抗英烈士纪念碑，在晴空下，金色的字迹正闪闪发光。我登临这里已经好几遭了，但今年第一次来到（本文写于1961年，编者注），望着翡翠似的原野，俯瞰着名闻世界的这个叫作“三元里”的乡村，却激荡着不平常的感情。“指点江山，激扬文字”那样的名句飞到了我的心头。今年是1961年，今年5月底，是三元里等一百零三乡人民，在鸦片战争时代抗击英帝国主义侵略军大获胜利120周年纪念日。“六十年一个甲子”。今年刚好是三元里人民抗英斗争的辛丑年之后的第二个“辛丑”。120年过去了，中国已经完全变了样。然而正像有些人站在这座巍峨的纪念碑下说过的话一样：“这就是中国近代史的开端吧！”是的，这是中国近代史上气势磅礴的第一页。以三元里人民抗英为起点，如果以一个个的“年代”来划分，那么可以这样说：其后十年有太平天国的革命，将近后60年有义和团的斗争，后70年有辛亥革命，后80年有中国共产党的成立，快接近110年的时候新中国终于宣告诞生。中国是经历过一百多年的艰苦斗争才从帝国主义制造的血泊中站起来的。望着这已经回春的天鹅绒似的土地，想起百多年来的往事，真按捺不住一种“折戟沉沙铁未销，自将磨洗认前朝”的心情。这条车水马龙的广州北郊大道，这个中国近代史上的反侵略圣地，这座人烟稠密的村庄，今年将有多少人要前来凭吊瞻仰！

这一片阳光灿烂、山川明丽的大地，原来是一百多年前的大战场！你在这里纵览低回，会禁不住想起整个黑暗的十九世纪的事情。

十九世纪是资本主义的壮年期，这一个世纪里面，殖民主义者完全不披任何外衣，像野兽一样到处闯撞掠夺。正像他们用一个持刀海盗的画像作为香烟商标，用帆船作为许多商行标记一样，战船和枪炮就是他们的徽号。整个十九世纪，在亚洲、非洲、美洲、澳洲，都普遍发生帝国主义者血洗大地的惨剧。但是在另外一方面，各洲的人民，又几乎都不约而同地进行过猛烈的、可歌可泣的斗争。有些斗争，还是绵延一百几十年的。英国在几个世纪之间发展成为当年的头号侵略者。它用在国内圈地养羊的办法迫使大批农民流离失所；用“流荡罪”把破产农民投进监狱和驱进工厂；掠夺印度、非洲、澳洲等殖民地的原料来大办工业。用对“偷”一条围巾的劳动人民也处以死刑的严刑峻法来建立它的生产秩序；然后又挟着大宗鸦片和纺织品来撞毁我们这个东方古国的大门。当鸦片战争发生，林则徐被腐败的清廷革职谪戍，

广州城里的总督、巡抚、将军、总兵都在侵略者面前变成了软壳蟹和叩头虫的时候，他们大举入侵了。他们勒索了“赎城费”，他们到处杀人、放火、奸淫、虏掠，甚至挖坟墓，射“活靶”，他们志得意满、骄横跋扈极了。然而侵略者没有想到，他们脚下竟有一座活火山。他们在三元里调戏妇女的事件终于点燃了这座火山。人民反侵略斗争的队伍，一两日间，由几千人发展到几万人。

眼前这一片锦绣大地，就是当年杀声震天，使英国侵略者自承“恐怖到极点”的战场了。凭吊着这个辽阔的古战场，使人想起了“升平社前擂大鼓，裂裳为旗竹为弩”“三元里前声若雷，千众万众同时来”的诗句。我仿佛看到一百多年前战争的情景：那时，螺号呜呜，锣声当当，满山旗帜，遍地人潮，一支“黑底牙边白三连星”的神旗迎风飘动，指挥着战阵。在“三元古庙”点了香烛，向这面旗宣誓过“旗进人进，旗退人退，打死无怨”的三元里的愤怒群众，以及邻近一百多乡的战友，抬着各式各样的原始武器：刀、矛、藤牌、三尖枪、长棍、抬枪、挠勾追歼着敌人；队伍中甚至还有儿童和妇女。这时天仿佛也愤怒了，狂风暴雨，闪电雷霆。狼狈的敌人从会战的地点——牛栏岗败退下来，结成方阵，战栗逃命。在白茫茫一片的豪雨景色中，漫山遍野的中国人民举着武器追歼着他们，用挠勾把他们从队伍中拖出来劈死，或者用锄头把陷在泥淖里的敌兵锄死。眼前这一片土地上曾经布满“大英帝国”士兵的尸体，他们有些再也顾不得“尊严”，跪在地上，举手求饶了。怀着抚

摸一砖一石的心情，我走进了三元里，来到里北的“三元古庙”。这座创建于乾隆以前的道教神庙（道教以天、地与水为“三元”），是当年斗争的总指挥部，它近年已经被修葺一新并且变成纪念馆了。环庙四株老榕，苍劲魁梧；庙前一方平塘，涟漪潋滟。在这座庙里凝视那些历史文物，端详陈列在庙中的当年的武器和那面令人振奋的“黑底牙边白三连星旗”（复制品，原件存北京），抚诵着碑廊中百多年前的修庙碑记，令人禁不住涌起一种“继往开来”的翻身民族的自豪感。

120 年的时间久远吗？是的，相当久远了。然而现在这里还活着受过当年挺身战斗的人民豪杰亲切教诲的人物呢。三元里首先奋拳痛击英国兵士的韦绍光，他的曾经亲受祖父教导的孙子韦文祖一直活到七十一岁，去年才逝世。三元里现在还有一位李姓的老人，祖父也参加过抗英的斗争，晚年时曾把许多战斗故事亲口告诉过他。他谈到当年群众公议“十六岁以上，六十岁以下男子一律上阵杀贼”的往事，还禁不住激动得目光灼灼呢。

一百多年过去了，然而那面光辉的战旗和一些古老武器被一代代保存下来，令人荡气回肠的战斗故事被一代代亲口传授下来，英雄民族的感情真是何等深厚！

在十九世纪中叶，当中国上空乌云密布，三元里的斗争、太平天国的革命事迹传到欧洲的时候，马克思兴奋地写过文章，预言过亚洲的革命风暴；恩格斯预言过：“过了不久以后，我们就会看到世界上最古老的帝国（指中国）

进行生死之际的斗争，同时我们也会看到亚洲新纪元的曙光。”现在，站在三元里的阳光之下，令人不禁回想和印证着这著名的历史科学预言。

中国人民以和十九世纪最强大的侵略者打了一场硬仗，并使他们的兵士跪地求饶揭开了自己的近代史。其后一百一十年，历经忧患屈辱，当新中国从血泊中站立起来的时候，又和朝鲜人民把扬言要打过鸭绿江来的当代最强大的帝国主义，击败于朝鲜战场上，重新出现了使他们的兵士跪地求饶的一幕。这里面包含了多少的历史规律和真理呵！盘桓在这个古战场上，想着帝国主义已经日近黄昏了，眺望早降的绿野春光，随着庄稼的香气扑人而来的，是许多凝聚着古人感情的诗句：“苟能制侵凌，岂在多杀伤。”“岂伊地气暖，自有岁寒心。”呵，我们美丽的土地，英雄的人民！

【链 接】

1841 年 5 月 29 日，英军劫掠队窜到三元里一带抢劫，并侮辱菜农韦绍光的妻子。韦绍光等忍无可忍，与敌力搏，当场打死几名英国士兵。为预防英军报复，三元里人民在北郊三元古庙集会，决定立即武装抗击，以三星黑旗作指挥旗，旗进人进，旗退人退。三元里附近 103 乡人民闻讯后“义愤同赴”，组成一支反侵略的武装力量。5 月 30 日晨，数千名义勇军逼近英军司令部所在地四方炮台，诱敌军至预设的包围圈牛栏岗，经一天激战，打死英军 200 多人（其中有两名校官），英军逃回四方炮台。牛栏岗一仗，三元里人民大获全胜，英军惨败。31 日，番禺、南海、花县、增城、从化等县 400 余乡的义勇也闻讯赶来助战，达 10 多万人。三元里人民抗英斗争是中国人民第一次自发的大规模武装反侵略斗争。当年三元里人民誓师抗英的三元古庙旧址，现已辟为“三元里人民抗英斗争史料陈列馆”。

秦牧（1919—1992）

原名林派光，又名林觉夫、林顽石，祖籍广东省汕头市澄海县东里樟林，我国著名散文家，著有散文集《花城》《潮汐和船》《长河浪花集》，中篇小说《黄金海岸》，文艺理论集《艺海拾贝》，童话《巨手》等。

五城记·广州

◎ 余秋雨

终究还得说说广州。

前年除夕，我因购不到机票，被滞留在广州，许多朋友可怜我，纷纷来邀请到他们家过年。我也就趁机，轮着到各家走了走。

走进每家的客厅，全是大株鲜花。各种色彩都有，名目繁多，记不胜记。我最喜欢的是一株株栽在大盆里的金桔树，深绿的叶，金黄的果，全都亮闪闪的。一位女作家顺手摘下两枚，一枚递给我，一枚丢进嘴里。她丈夫笑着说："不到新年，准被她吃光！"而新年就在明天。

那天下午，几位朋友又来约我，说晚上去看花市，除夕花市特别热闹；下午就到郊区去看花圃。到花圃去的路上，一辆一辆全是装花的车。广州人不喜爱断枝摘下的花，习惯于连根盆栽，一盆盆地运。许多花枝高大而茂密，

花市一角

把卡车驾驶室的顶都遮盖了，远远看去，只见一群群繁花在天际飞奔，神奇极了。这些繁花将奔入各家各户，人们在花丛中斟酒祝福。我觉得，比之于全国其他地方，广州人更有权利说一句：春节来了！

可惜，从花圃回来，我就拿到了机票，立即赶向机场，晚上的除夕花市终于没有看成。

在飞机上，满脑子还盘旋着广州的花。我想，内地的人们过春节，大多用红纸与鞭炮来装点，那里的春意和吉祥气，是人工铺设起来的。唯有广州，硬是让运花车运来一个季节，把实实在在的春天生命引进家门，因此庆祝得最为诚实、最为透彻。

据说，即便在最动荡的年月，广州的花市也未曾停歇。就像广州人喝早茶，天天去，悠悠然地，不管它潮涨潮退、云起云落。

以某种板正的观念看来，花市和早茶，只是生活的小点缀，社会大事多得很，哪能如此迷醉。种种凌厉的号令远行千里抵达广州，已是声威疏淡，再让它旋入花丛和茶香，更是难以寻见。“广州怎么回事？”有人在吆喝。广州人好像没有听见，嘟哝了一声很难听懂的广州话，转身唤了嗅花瓣，又端起了茶盏。

广州历来远离京城，面对大海。这一方位使它天然地与中国千年封建传统构成了逆反。千里驿马跑到这里已疲倦不堪，而远航南洋的海船正时时准备拔锚出发。

当驿马实在搅得人烦不胜烦的时候，这儿兀兀然地站出了康有为、梁启超、黄遵宪、孙中山，面对北方朗声发言。一时火起，还会打点行装，慷慨北上，把事情闹个青红皂白。北伐，北伐，广州始终是北伐的起点。

北上常常失败。那就回来，依然喝早茶、逛花市，悠闲得像没事人一样，过着世俗气息颇重的情感生活。

这些年，广州好像又在向着北方发言了，以它的繁忙，以它的开放，以它的勇敢。不过这次发言与以前不同，它不必暂时舍弃早茶和花市了，浓浓洌洌地，让慷慨言词拌和着茶香和花香，直飘远方。

像我这样一个文人，走在广州街上有时也会感到寂寞。倒也不是没有朋友，在广州，我的学生和朋友多得很，但他们也有寂寞。我们都在寻找和期待着一种东西，对它的创造，步履不能像街市间的人群那样匆忙，它的功效，也不像早茶和花市，只满足日常性、季节性的消耗。

【今作】

走进黄埔军校

◎言　者

满打满算，从1924年1月孙中山下令筹建，到1928年秋迁址、改名、易帜，黄埔军校作为一所学校，办学不过仅仅七期，历时也不过短短五年，但其门下走出了那么多的将帅，对中国的历史进程产生了如此巨大的影响，这恐怕不仅在中国教育史上，就是在世界教育史上，也不能不说是一个奇迹。

我在黄埔军校旧址内徘徊，忍不住痴痴地想：脚下究竟是一块怎样的土地，它何以有着如此神奇的力量，吸引那么多热血青年，并把他们迅速造就成能征善战的斗士……

一

广州南郊的黄埔，是一个天然的良港，因

黄埔军校遗址正门

黄埔军校旧址

为浩荡的珠江流到这里，已经胸怀宽阔、温顺异常了。江中有一个不大不小的岛屿，如浮在江面上的一块不沉的翡翠，因其形略长，所以人们便随口称之长洲。由于地处亚热带气候区，长洲上终年杂花生树，浓荫匝地，但也少不了长虫出没，用今天的话来说，岛上人居条件实在是差。因此它从形成以来，就似乎一直是花城滚滚红尘以外的一块“飞地”。

20世纪初，统治中国近300年的清王朝已是日暮途穷了，但垂死挣扎也在情理之中。遂下令全国训练“新军”，而且志向宏大地要“从娃娃抓起”。于是各省纷纷成立“陆军小学”，广东当然也不例外。陆军小学的招生对象是一些刚刚断奶的孩子，让他们成为一名军人的第一步，得要让他们先忘了自己的爹妈——最好是把他们送到一个与世隔绝的地方。于是珠江中的那块“飞地”终于派上用场了。1908年初，“广东陆军小学”就在长洲岛正式成立了，一群本该在妈妈怀中吃奶撒娇的孩子，硬是被送上了长洲岛，成了大清国的“军人”。这在今天想来真是十分滑稽的事情。还有更为滑稽的事情：“广东陆军小学”作为大清国的军校，其监督长赵声和学堂长邓铿，竟都是以推翻大清统治为己任的同盟会成员。因此，当1911年4月27日广州起义的枪声打响时，“广东陆军小学”便寿终正寝了。然而13年后，这所小学毕业的一名学生，奉命在此基础上与同仁一起建成了一座真正意义的现代军事学校—黄埔军校。他就是被称为孙中山左右手的邓演达。

黄埔军校一角

我在“黄埔军校纪念馆”内参观时，看到的邓演达照片并不大，有关的介绍文字也不多。是的，对于黄埔军校来说，他既不是校长，也不是学监，最终又没当上将军元帅，而且那么早就被暗杀，在纪念馆有这么大的照片和这么多的文字已经很不错了，因为属于黄埔军校的人才太多了。

二

1924 年 1 月 24 日（国民党一大期间），孙中山根据国民党中央 1923 年 10 月的决定，下令筹办“中国国民党陆军军官学校”，并决定利用珠江中长洲岛上原有的广东陆军小学的校舍作军校校舍。2 月 1 日，孙中山以“邓演达忠贞革命，富有军事经验，而且勤奋刻苦努力，可作青年楷模”为由，免去邓演达粤军第一师第三团兼团长的职务，任命他和王伯龄、沈应时、林振飞、俞飞鹏、孙家瑞、宋荣昌组成入学试验委员会，“专责筹建军校”，同时也任命了蒋介石为委员长。然而蒋委员长因与苏联顾问争执，自作主张地让王伯龄传令停止军校组建，并擅离职守，去了上海。为此孙中山不得不于 2 月 23 日改派廖仲恺为筹委会委员长。在苏联和中国共产党的支持下，邓演达又聘请叶剑英、恽代英等参加筹委会工作，力荐包括周恩来在内的 15 位从德国留学回来的共产党员到军校工作。经过廖仲恺、邓演达殚精竭虑地筹集经费，研制样章，招荐新生，夜以继日地修缮校舍，问题逐个得到解决。最后，邓演达亲赴上海，力促蒋介石顾全大局回校工作，同时在上海积极为军校宣传招生……1926 年，第三国际派往中国的一个参观团到了黄埔军校，代表团团长参观后说：“邓教育长了不得，是个人才……”

可以这样说，如果没有邓演达、廖仲恺等一大批国民党有识之士卓有成效的工作，黄埔军校草创阶段的许多具体工作不可能取得如此成绩，特别是对于国共两党力量在军校中格局的初步形成，邓演达、廖仲恺等人曾起过很

黄埔军校一角

重要的作用。当然这也为日后国民党右派杀害邓演达和廖仲恺留下了伏笔。

三

黄埔军校是国共合作的产物，国共两党的精英一时云集其间：蒋介石身为校长自不必说，他的身后有何应钦、汪精卫、胡汉民、戴季陶、杜聿明、陈诚、汤恩伯、戴笠……然而，周恩来也来了，恽代英也来了，叶剑英也来了，徐向前也来了，聂荣臻也来了，陈毅也来了，林彪也来了，陈赓也来了……小小的长洲岛好不热闹！这些都是在中国现代史上赫赫有名的人物，他们提前聚会在一起，一场好戏是注定要上演的了。如果把中国比喻成一个大舞台，把将要到来的中国革命比喻成一台大戏的话，那么可以说，黄埔军校就成了这台大戏局部预演和彩排的一个小舞台。

当年校园内有两个学生社团，一个是“青年军人联合会”，一个是“孙文主义学会”，虽是“民间”性质，但成员各有其主，泾渭分明：前者属中共领导，后者属国民党右派领导。当时虽是国共合作阶段，照理二者不“合作”也可以，大不了“井水不犯河水”就是了。可由于国民党右派肆意挑衅，两派斗争异常尖锐，以致在生活中经常发生两派成员对骂甚至扭打的现象。

据说有一次，在军事训练课上，为了争抢一件器材，双方人员又扭在了一起，一方以蒋先云为首，一方以贺衷寒为首，眼看就要酿成大祸，总队长张治中大声喝令，才让双方罢了手。在黄埔军校，作为学生总队长的张治中，不止一次地充当这样的角色，为此，曾引起蒋介石的不满，更被国民党右派称作“红色教官”“黄埔四凶”（另三位为邓演达、恽代英、高语罕）之一。这让我们不禁想起张治中后来的人生：倡导和平，致力于和平，被国共两党及舆论各界誉为“和平将军”，马不停蹄地奔赴各地，举行并参加那些没完没了的“谈判”与“和谈”，人们熟知的就有重庆谈判、整军谈判、北平和谈等。这一切似乎真是一种宿命！

如果说黄埔军校内的所有争斗与和解，都只是中国革命这场大戏的彩排，那么黄埔学子们走出校园则意味着这出大戏的正式开演。

东征北伐，黄埔学子总是一马当先，惠州城下、汀泗桥上、龙潭之畔，曾躺满了黄埔学子的尸骸，那是他们并肩作战留下的；十年内战，井冈山下，湘江之畔、泸定桥头，黄埔学子曾流血漂橹，那却是他们相互对阵造成的；抗日烽火，长城内外，大江南北，黄埔学子的热血又常常洒在了同一条战壕；而三年内战，黄埔学子又站在了各自的阵地上兵戎相见……有时对阵的黄埔生连对方的乳名、外号都能叫出。一个叫：“王二狗，有种你站出来！”而另一个吼：“小六子，替老蒋卖命，你良心叫狗吃了！”接着就是一阵对射。从 1924 年打到 1950 年，黄埔学子或并肩或敌对，在战场上拼杀了 26 年，然后又在敌视中对峙了几十年。

是黄埔学子用自己的军旅人生，为中国革命这出大戏增添了独特的色彩。然而这一切毕竟不是戏，而是一段真实的历史。

为纪念孙中山所建的“孙总理纪念碑”

黄埔军校教室

四

我去黄埔军校是送学生去接受军训的——驻地海军某部开办的一个“少年军校”就设在那儿。

我们把学生交给少年军校的教官后，在黄埔军校的校园内四处参观。学生队列操练的口令声一阵阵传来，似乎提醒了我们：联想是可以的，但不要忘了，黄埔军校毕竟是一所学校。

的确，黄埔军校是一座学校，而且它也的确为中国的民族解放和人民革命培养了一大批优秀的军事和政治人才。虽然它今天作为一所学校早已被废弃了，但是其历史功勋是永远不可抹杀的。同时，黄埔军校作为一座学校，它又是用自己特殊的方式来培养着自己的学生的，因此，它最终自己也变得像自己培养出的学生一样，复杂、怪异、一言难尽。1924 年夏天的一个夜晚，一名上尉佐官外出访友，大概与友人一时谈兴浓烈，竟忘了回校的时间。等到他回到学校，营房门早已锁了，他只得在操场转悠，转得累了，便在一块石头上坐了下来。此时天色已近黎明，百无聊赖中他掏出了一本随身带着（这是校长要求学员做的）的小册子《三民主义》，就着微弱的晨曦看了起来。真

是无巧不成书，正在此时，校长蒋介石经过这里，发现了正襟危坐、聚精会神攻读的他，便走了过来：

“你叫什么名字？”

“陈诚。”

“孙总理倡导的三民主义是什么？”

“总理训示的三民主义是‘驱逐鞑虏，恢复中华’为民族主义；‘创立民国’为民权主义；‘平均地权’为民生主义……”陈诚由于刚在小册子上看过，于是不假思索就高声答道。

“唔，这个，这个你回答得很好。很好！很好！”蒋校长连连点头，并拍拍陈诚的肩膀说，“诗曰‘风雨如晦，鸡鸣不已’，你努力吧！”

蒋校长走远了，陈诚还站在那里，他不知道校长最后的这两句话是什么意思。不过这不要紧，要紧的是他已经让蒋校长有了一个好的印象，更要紧的是陈诚从此悟得了一门新的课程，这就是登龙之术。果然，陈诚不但从此官运亨通，平步青云，而且连终身大事蒋校长和美龄夫人也帮助“做主”了。是黄埔让陈诚这个农家子弟作了一次脱胎换骨，为他最终成为蒋介石内战的一门重“炮”奠定了基础。如果说陈诚在黄埔悟得登龙术多少靠了些机遇，那么顾祝同更多地是靠毅力。

就在陈诚巧遇蒋介石后没几天，也是在一个黎明。年轻的战术教官顾祝同上操时迟到了，他一边扣着军衣纽扣，一边往队伍里插。此时蒋校长正在训话，不禁火冒三丈，立即喝令其出列，当众下跪示众，以儆效尤。

不知是疏忽，还是要给部下点颜色看看，蒋校长训斥完毕便扬长而去了，竟一直忘记了直挺挺地跪在操场上的顾祝同，直到第二天清晨，蒋介石见了，才想起昨日所做的荒唐事，又看见此时的顾祝同，身上的衣服早已被露水打湿，禁不住大为感动，不仅亲自把他扶进了校长接待室，连连称赞，而且觉得其人唯命是从，忠心耿耿，便当即宣布：“委任顾祝同为黄埔军校战术教官，兼任管理部主任。”从此顾祝同也与陈诚一样，踏上了步步青云的登龙大道。

不过作为一座学校的黄埔军校，也应了“师傅领进门，修行在个人”的一句老话。在它那里，登龙之术这门功课也不是人人都能悟得并且学会的，且

对于许多人来说，这也并非是缺乏悟得和学会的机遇。

1925 年 1 月，在东征陈炯明的战斗中，蒋校长不幸中弹受伤，狼狈地躲在一棵老杨树的根须下，被一期学员陈赓看见，身材不算高大的陈赓，毫不犹豫地背起了身材高大的蒋校长，冒着枪林弹雨一口气跑了好几里山路，总算突出了险境。陈赓气喘吁吁地将蒋校长放下，蒋校长激动地问：“你叫什么名字？是哪一期的？”并掏出纸笔认真地记了下来，最终流着眼泪说：“你救了我的命，我一定会好好栽培你！”然而，只几年后，陈赓却被蒋校长“栽培”进了扬州的秘密监狱，要不是孙夫人倾力相救，还会被“栽培”掉性命。

受过蒋校长“栽培”，但终未学得登龙术的还有徐向前。

一天，有人传令：“徐象谦（向前），蒋校长召见！”于是，徐向前来到了校长接待室。满脸严肃的蒋校长问了一些诸如“叫什么名字”“哪里人”“在家是干什么的”的问题，徐向前当然也都一一作了如实回答，但问答过这几个问题后，双方似乎就再也找不到可说的话了。徐向前自然很快便离开了校长室，而且从此再没进过。

据说，仅仅 4 年过去后，蒋校长就表示，他怎么也想不通，就是当年这么一个貌不出众且显得腼腆而有点木讷的学生，竟成了红军四大主力之一的总指挥！当然，更令他想不通的是，也是当年的这样一名学生，竟多次在战场上打败了他一个个得意门生，最终也打败了他这个校长，成了中华人民共和国的一名开国元帅，并在 50 多年后，以中华人民共和国国防部部长的名义，下令停止对金门的炮击……这一切，恐怕是不能仅仅用“宿命”二字所能解释的吧！

陈诚、顾祝同等人在黄埔获得的的确是一种栽培，而对于陈赓、徐向前等人来说，获得的则未必不也是一种“栽培”，但无论是哪一种“栽培”，都只有在黄埔军校中才能获得。因此，从黄埔军校走出的每一个人，他们的履历中虽然都一样写上了黄埔的一笔，他们的人生中虽然都一样被打上了黄埔的烙印，但这并不决定他们的人生，因为各人的路总在各人的脚下，更何况，不同人心中的黄埔或许本来就不一样。不要说陈诚与陈赓不一样，林彪与陈赓也不一样。但不一样才是正常，一样才是不正常。这也是黄埔军校的最大特色。具有这一特色的学校，恐怕全世界也难找到第二所吧！

五

我们在黄埔军校内徘徊着，所到之处，见当年留下的校舍基本完好，只是看上去显得有点儿简陋：建筑物多为平房，少数的几座楼房最多也只两层，属于简易的那种。整个校园看过来，稍稍气派点儿的建筑要算是山后的大礼堂了。有一张孙中山在礼堂里讲演的照片被印在了有关的许多书籍上，我曾多次见过。为此，本想去礼堂缅怀一番，无奈礼堂大门紧锁，我们不得而进。总之，这里的建筑，实在缺乏想象中“将帅摇篮”的气派。这里唯一“气派”十足的东西要算是校园里的那些树了。这里的每一棵树似乎都枝叶擎天、绿

荫匝地，特别是独木也成林的巨大榕树，在校园内比比皆是，让人怀疑广州所有的大榕树都跑到这里来了。在校园里放眼望去，高大的树木与低矮的校舍形成了一种鲜明的对比。这不禁让人联想，老树是越来越老了，它还能一如既往地护卫着这些低矮的房舍吗？

离开黄埔军校时，突然想起在纪念馆里看见的聂荣臻元帅于 1983 年 12 月 14 日的题词："纪念黄埔，促进祖国统一。"不禁在心中询问：这块土地上还能重现那人马喧嚣、热血沸腾的一幕吗？

奇山异水甲天下

桂林

【图说】

“桂林山水甲天下。”桂林是著名的风景游览城市和历史文化名城，地处湘桂走廊南端，位于湘江流域和珠江流域之间。

桂林是典型的岩溶地貌，境内有浩瀚苍翠的原始森林、雄奇险峻的峰峦幽谷、激流奔腾的溪泉瀑布、天下奇绝的高山梯田……自然景观令人神往。

桂林还是一座文化古城。两千多年的历史，使它具有丰厚的文化底蕴。宋代以后至新中国成立前，它一直是广西政治、经济、文化的中心，号称“西南会府”。漫长的岁月里，桂林的奇山秀水吸引着无数文人墨客，使他们写下许多脍炙人口的诗篇和文章，刻下两千余件石刻和壁书。这些独特的人文景观，使桂林得到了“游山如读史，看山如观画”的美誉。悠久的历史，为这块古老而美丽的土地孕育了富饶的文化。

桂林不仅山水风光、人文景观令人神往，多姿多彩的民族风情也令人迷恋。桂林多民族聚居，有壮、苗、瑶、侗等十几个少数民族，保持着古朴、奇特、多彩的民俗风情。

【走读】

桂林，在心间

◎朱　娜

“我想去桂林呀我想去桂林，可是有时间的时候我却没有钱；我想去桂林呀我想去桂林，可是有了钱的时候我却没时间。”心烦气躁时、孤单寂寞时，脑中常会不由自主地盘旋起这首歌。桂林，早已不再是一个简单的地名，不再是地图上一个不起眼的小点，而是抽象成为我甚至更多人心中某种神圣的精神寄托。她似一张画片，被我们妥帖地珍藏在内心最深处，时不时翻捡出来品味一番。无数的期待和想象加诸其上，使得这张画片愈加鲜亮美丽，我们甚至早已忘却她初时的模样。

我曾无数次幻想自己置身于桂林的碧波之中。乘着古味犹存的竹筏，我悠悠然漂荡于玉带一般的漓江之上。摆脱了尘世的喧嚣，摆脱

桂林漓江

桂林山水

了人事的烦扰，只是漂着，毫无负担。我的眼中，将只有碧水青山，渔翁闲钓；我的耳边，将只有鸟鸣清脆，牧童悠歌。沐浴着湿润清新的空气，我将回归最纯粹的自己。是的，桂林用她的水温柔地抚慰我们早已疲惫的身躯，涤荡我们早已麻木的灵魂。

我也曾无数次幻想自己置身于桂林的青山之下。“山以水为血脉，故山得水而活”，桂林的山因水而起，傍水而生，故而自有一种独特的风姿。象山、九马画山、月亮山……每一块山石都蕴藏着或凄美或动人的故事。它们集秀美与险峻于一体，常让人不由感叹大自然的鬼斧神工。泰山巍峨陡峭、气势磅礴，但终究只能让我仰望、让我崇拜，只有桂林的山石，能让我心甘情愿交出自己的灵魂，沉醉其中。

但，这终究只是幻想。纵使已经无数次通过图片欣赏过她，纵使已经在脑海中将她的轮廓描画过无数遍，我始终还是没有去过桂林。曾经不止一次对自己说：去吧，到那令人魂牵梦萦、朝思暮想的地方去。去看看那薄烟轻笼、波光旖旎的水，去看看那秀丽多姿、峻拔雄奇的山。也曾经不止一次冲动地打点好行装，却终究在最后一刻放下背包。我只是不敢。我不敢亲自踏上那块土地，更不敢亲眼去验证她的美丽。心底的桂林，已是那样美、那样好，我只怕亲眼看到的，并非心中所想。其实，只是害怕失望吧。宋之问曾有一句诗“近乡情更怯”，原本形容游子归乡时渴盼而又害怕的复杂心情，用在我

水光潋滟

身上，倒也妥当。常常想，那样多的自然风物，中国人为何独独钟爱山水？从来就有“仁者乐山，智者乐水”的古语，山与水俨然成了中国知识分子的道德标杆。文人对山水的喜爱自不必尽说，只看那层出不穷的山水诗和山水画，虽风格迥异，但皆能自成一派，各有拥趸。普通老百姓，对山水也是格外情有独钟，凡有山有水处，必可见游人如织。

可能，山与水，真的有一种天赋的灵性吧。单独的山或水已经够吸引人，倘若山立水畔、水萦山周，那便可称得上完美了。山与水相互依偎，山之刚衬水之柔，水之柔托山之刚。刚多于柔则更显磅礴，柔多于刚则更显柔情。总之，山与水无论怎样的搭配都不会突兀。山与水，刚与柔，在造物主的巧妙安排下，互衬互补，共同创造出种种和谐的意境。这大概正是中国人所一直追求的境界吧。

山清水秀

石林云烟

而在桂林，山与水的和谐交融可说达到了极致。桂林的水是天上清泉洒落人间，桂林的山则是玉帝在水边随意抛洒的棋子，一颗颗、一粒粒，初看零落散漫，实则别具匠心。这颗颗别致的小棋子，虽不能“连绵不绝数十里，高耸入云几千丈”，却在保持自己独特风貌的同时，相互映衬，极具层次感。与盈盈碧水相谐，更增添无尽韵味。桂林的山水，本身便是一轴浑然天成的巨幅画卷，虽然历经千年的风尘，轻灵依旧。也许正因为此，它们才赢得了“桂林山水甲天下”的无上赞誉。宋人王正功此语一出，任何描画桂林山水的诗篇顿时黯然失色。只此一句，天下人的心都被桂林勾了去。我自然亦如此。

可是，虽被桂林勾去了心神，却难以鼓起勇气面对现实中的她，长久以来，我始终无法摆脱内心的纠结。偶尔读到罗兰《中国人的山水观》时，我终于释然。作家认为，中国人的游山玩水是“在入世的生活中，奋斗浮沉之余，给自己的心灵寻访一个自由逍遥、无人干扰的空间，使人间桎梏得到解脱”。的确，我们每个人都在这光怪陆离的尘世中摸爬滚打，为生计、为钱物、为地位，我们苦苦挣扎却又无法逃离。疲惫的灵魂常常需要一方净土来休憩、来调整，而那珍藏许久的桂林正是我灵魂的故乡。当我陶醉于心中的桂林时，便若游子扑进母亲温暖的怀抱，可以不顾俗世的眼光，摆脱俗事的纠缠，剥除面具，卸去伪装，清清静静，优哉游哉。既然已然在心底为自己构筑了一个世外桃源，我又何必执着于是否亲自踏上那片青山绿水呢！

一千个人眼中，有一千种桂林。对别人而言，桂林也许是山水、是溶洞、是西街、是刘三姐；对我而言，桂林是慰藉、是寄托，是我的独一无二。对别人而言，桂林，在眼前；对我而言，桂林，在心间。我愿意守着心底这澄澈纯粹的桂林，任沧海桑田、人世浮沉。

【胜迹】

游览建议路线

象鼻山 ··· 芦笛岩 ··· 漓江 ··· 九马画山

桂林及周边名胜分布示意图

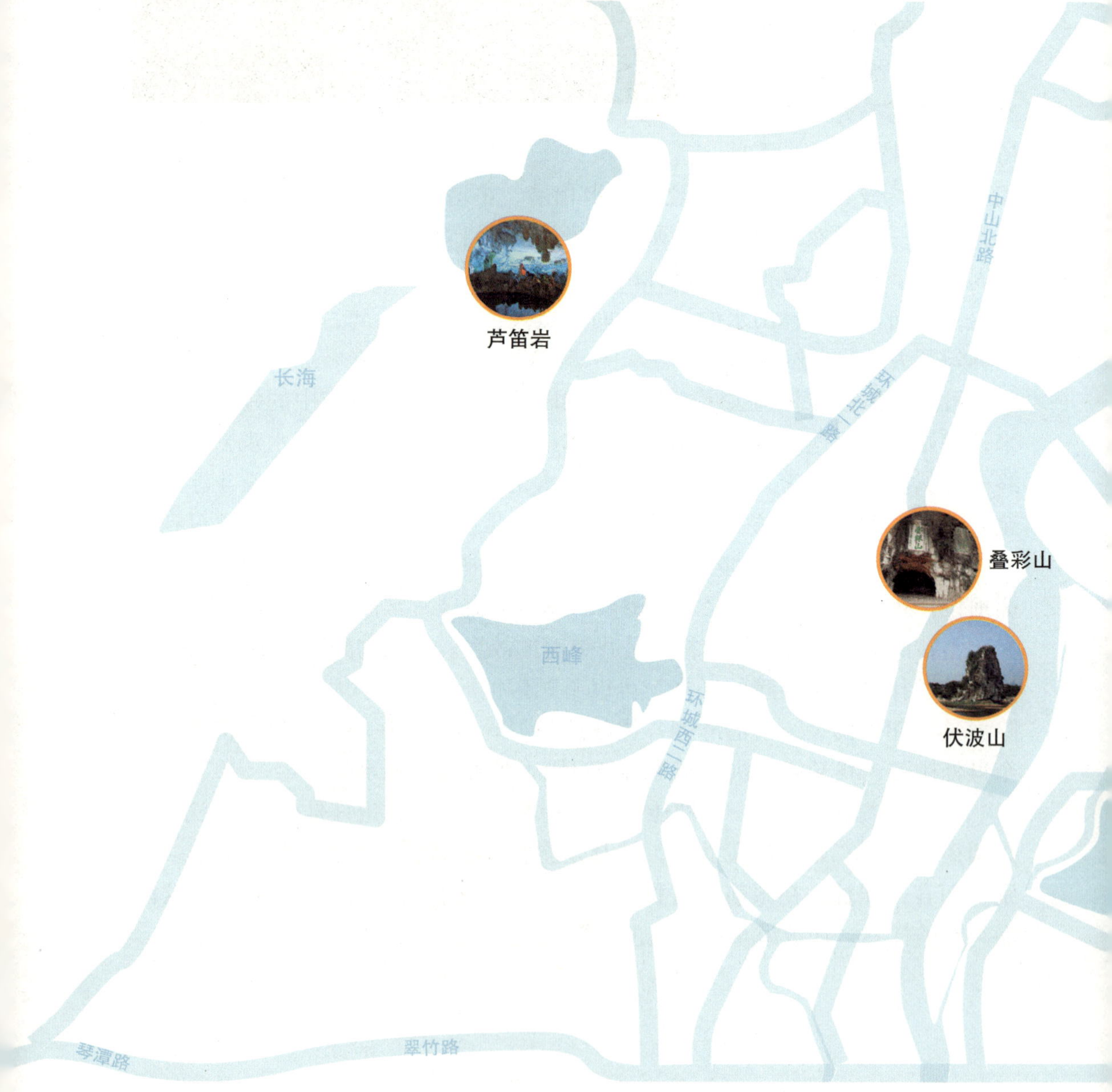

桂林

【唐】李商隐

城窄山将压，江宽地共浮。
东南通绝域，西北有高楼。
神护青枫岸，龙移白石湫。
殊乡竟何祷，箫鼓不曾休。

李商隐 像

送桂州严大夫同用南字

【唐】韩 愈

苍苍森八桂，兹地在湘南。
江作青罗带，山如碧玉篸。
户多输翠羽，家自种黄甘。
远胜登仙去，飞鸾不假骖。

韩愈 像

桂林山水

“桂林山水甲天下。”人教版小学语文课本中曾选取陈淼的《桂林山水》一文，描写桂林山水之美。

送任五之桂林

【唐】王昌龄

楚客醉孤舟，越水将引棹。
山为两乡别，月带千里貌。
羁谴同缯纶，僻幽闻虎豹。
桂林寒色在，苦节知所效。

王昌龄 像

【名篇】

桂林的受难

◎巴　金

在桂林我住在漓江的东岸。这是那位年长朋友的寄寓。我受到他的好心的款待。他使我住在这里不像一个客人。于是我渐渐地爱起这个小小的“家”来。我爱木板的小房间，我爱镂花的糊纸窗户，我爱生满青苔的天井，我爱后面那个可以做马厩的院子。我常常打开后门走出去，跨进菜园，只看见一片绿色，七星岩屏障似的立在前面。七星岩是最好的防空洞，最安全的避难所。每次要听见了紧急警报，我们才从后门走出菜园向七星岩走去。我们常常在中途田野间停下来，坐在树下，听见轰炸机发出“孔隆”“孔隆”的声音在我们的头上飞过，也听见炸弹爆炸时的巨响。于是我们看见尘土或者黑烟同黄烟一股一股地冒上来。

七星岩景区

山势峭拔

我们躲警报，有时去月牙山，有时去七星岩。站在那两个地方的洞口，我们看得更清楚，而且觉得更安全。去年 11 月 30 日桂林市区第一次被敌机大轰炸（在这以前还被炸过一次，省政府图书馆门前落下一颗弹，然而并无损失），那时我们许多人在月牙山上，第二次大轰炸时我和另外几个人又在月牙山，这次还吃了素面。但以后月牙山就作了县政府办公的地方，禁止闲人游览了。

七星岩洞里据说可以容一两万人。山顶即使落一百颗炸弹，洞内也不会有什么损伤。所以避难者都喜欢到这个洞躲警报。但是人一进洞，常常会让警察赶到里面去，不许久站在洞口妨碍别人进出。人进到里面，会觉得快要透不过气，而且非等警报解除休想走出洞去。其实纵使警报解除，洞口也会被人山人海堵塞。要抢先出去，也得费力费时。所以我们不喜欢常去七星岩。

在桂林人不大喜欢看见晴天。晴天的一青无际的蓝空和温暖明亮的阳光虽然使人想笑，想唱歌，想活动。但是凄厉的警报声会给人带走一切。在桂林人比在广州更害怕警报。

我看见同住在这个大院里的几户人家，像做日课似的每天躲警报，觉得奇怪。他们在天刚刚发白时就起身洗脸做饭。吃过饭大家收拾衣物，把被褥箱笼配上两担，挑在肩上，从容地到山洞里去。他们会在洞里坐到下午一点钟。

桂林漓江

倘使这天没有警报，他们挑着担子或者抱着包袱负着小孩回来时，便会发出怨言，责怪自己胆小。有一次我们那个中年女佣在厨房里叹息地对我说：“躲警报也很苦。”我便问她：“为什么不等发警报时再去躲？”她说，她听见警报，腿就软了，跑都跑不动。的确有一两次在阴天她没有早去山洞，后来听见发警报，她那种狼狈的样子，叫人看见觉得可怜又可笑。

我初到桂林时，这个城市还是十分完整的。傍晚我常常在那几条整齐的马路上散步。过一些日子，我听见了警报，后来我听见了紧急警报。又过一些日子我听见了炸弹爆炸的声音。以后我看见大火。我亲眼看见桂林市区的房屋有一半变成了废墟。几条整齐马路的两旁大都剩下断壁颓垣。人在那些墙壁上绘着反对轰炸的图画，写着抵抗侵略的标语。

我带着一颗憎恨的心目击了桂林的每一次受难。我看见炸弹怎样毁坏房屋，我看见烧夷弹怎样发火，我看见风怎样助长火势使两三股浓烟合在一起。在月牙山上我看见半个天空的黑烟，火光笼罩了整个桂林城。黑烟中闪动着红光，红的风，红的巨舌。十二月二十九日的大火从下午一直燃烧到深夜。连城门都落下来木柴似的在烧烧。城墙边不可计数的布匹烧透了，红亮亮地映在我的眼里像一束一束的草纸。那里也许是什么布厂的货栈吧。

每次解除警报以后，我便跨过浮桥从水东门进城去看灾区。第一次在中山公园内拾到几块小的弹片；第二次去得晚了，是被炸后的第二天，我只看见一片焦土。自然还有几堵摇摇欲坠的断墙勉强立在瓦砾堆中。然而它们说不出被残害的经过来。在某一处我看见几辆烧毁了的汽车：红色的车皮大部分变成了黑黄色，而且凹下去，失掉了本来的形态。这些可怜的残废者在受够了侮辱以后，也不会发出一声诉冤的哀号。忽然在一辆汽车的旁边，我远远地看见一个人躺在地上。我走近了那个地方，才看清楚那不是人，也不是影子。那是衣服，是皮，是血肉，还有头发粘在地上和衣服上。我听见了那个可怜的人的故事。他是一个修理汽车的工人，警报来了，他没有走开，仍旧做他的工作。炸弹落下来，房屋焚毁，他也给烧死在地上。后来救护队搬开他的尸体，但是衣服和血肉粘在地上，一层皮和尸体分离，揭不走了。

第三次大轰炸发生在下午一点多钟。这是出人意外的事。以前发警报的时间总是在上午。警报发出，凄厉的汽笛声震惊了全市，市民狼狈逃难的情形，可想而知。我们仍旧等着听见紧急警报才出门。我们走进菜园，看见人们挑着行李、抱着包袱、背负小孩向七星岩那面张皇地跑去。我们刚走出菜园，打算从木桥到七星岩去。突然听见人们惊恐地叫起来，“飞机！飞机！”一些人抛下担子往矮树丛中乱跑，一些人屏住呼吸伏在地上。我觉得奇怪。我仔细一听，果然有机声。但这不是轰炸机的声音。我仰头去看，一架飞机从后面飞来，掠过我们的头上，往七星岩那面飞走了。这是我们自己的飞机。骚动平息了，人们继续往七星岩前进。我这时不想去山洞了，就往左边的斜坡走，打算在树下拣一个地方坐着休息。地方还没有选好，飞机声又响了。这次来的是轰炸机，而且不是我们的。人们散开来，躲在各处的树下。他们来不及走到山洞了。十八架飞机在空中盘旋一转，于是掷下一批炸弹，匆匆忙忙地飞走了。这次敌机来得快，也去得快。文昌门内起了大火。炸死了一些人，其中有一位是我们大家都知道的青年音乐家。

第四次的大轰炸应该是最厉害的一次了，我要另写一篇《桂林的微雨》来说明。在那天我看见了一个城市的大火。火头七八处，从下午燃烧到深夜，也许还到第二天早晨。警报解除后，我有两个朋友，为了抢救自己的衣物，被包围在浓焰中，几乎迷了路烧死在火堆里。这一天风特别大，风把火头吹过马路。桂西路崇德书店的火便是从对面来的。那三个年轻的职员已经把书搬到了马路中间。但是风偏

偏把火先吹到这批书上。最初做了燃料的还是搬出来的书。不过另一部分书搬到了较远的地方，便没有受到损害。

就在这一天（我永不能忘记的 12 月 29 日），警报解除后将近一小时，我站在桂西路口，看见人们忽然因为一个无根的谣言疯狂地跑起来。人们说警报来了。我没有听见汽笛声。人们又说电厂被炸毁了，发不出警报。我不大相信这时会再来飞机。但是在这种情形里谁也没有停脚的余裕。我也跟着人乱跑，打算跑出城去。我们快到水东门时，前面的人让一个穿制服的军官拦住了，那个人拿着手枪站在路中间，厉声责斥那些惊呼警报张皇奔跑的人，说这时并没有警报，叫大家不要惊惶。众人才停止脚步。倘使没有这个人来拦阻一下，那天的情形恐将是不堪设想的了。后来在另一条街上当场枪决了一个造谣和趁火打劫的人。

以后还有第五次、第六次的轰炸……关于轰炸我真可以告诉你们许多事情。但是我不想再写下去了。从以上简单的报告里，你们也可以了解这个城市的受难的情形，从这个城市你们会想到其他许多中国的城市。它们全在受难。不过它们咬紧牙关在受难，它们是不会屈服的。在那些城市的面貌上我看不见一点阴影。在那些地方我过的并不是悲观绝望的日子，甚至在它们的受难中我还看见中国城市的欢笑。中国的城市是炸不怕的。我将来再告诉你们桂林的欢笑。的确，我想写一本书来记录中国的城市的欢笑。

桂林山水歌

◎ 贺敬之

云中的神呵，雾中的仙，
神姿仙态桂林的山！
情一样深呵，梦一样美，
如情似梦漓江的水！

水几重呵，山几重？
水绕山环桂林城……
是山城呵，是水城？
都在青山绿水中……
呵！此山此水入胸怀，
此时此身何处来？

……黄河的浪涛塞外的风。
此来关山千万重。

漓江泛舟

马鞍上梦见沙盘上画：
“桂林山水甲天下”……

呵！是梦境呵，是仙境？
此时身在独秀峰！
心是醉呵，还是醒？
水迎山接入画屏！

画中画——漓江照我身千影，
歌中歌——山山应我响回声……
招手相问老人山，
云罩江山几万年？

——伏波山下还珠洞，
宝珠久等叩门声……
鸡笼山一唱屏风开，
绿水白帆红旗来！

大地的愁容春雨洗，
请看穿山明镜里——
呵！桂林的山来漓江的水——
祖国的笑容这样美！

桂林山水入襟，
此景此情战士的心——
江山多娇人多情，
使我白发永不生！

对此江山人自豪，
使我青春永不老！
七星岩去赴神仙会，
招呼刘三姐呵打从天上回……

人间天上大路开，
要唱新歌随我来！
三姐的山歌十万八千箩，
战士呵，指点江山唱祖国……
红旗万梭织锦绣，
海北天南一望收！

塞外的风沙呵黄河的浪，
春光万里到故乡。
红旗下：少年英雄遍地生——
望不尽：千姿万态“独秀峰”！
一意满怀呵，情满胸，
恰似漓江春水浓！
呵！汗雨挥洒彩笔画：
桂林山水——满天下！

贺敬之（1924—　）

现代著名革命诗人、剧作家，山东峄县人。1945年，他和丁毅执笔集体创作我国第一部新歌剧《白毛女》，获1951年斯大林文学奖。新中国成立后著有《回延安》《放声歌唱》《三门峡歌》《十月颂歌》《雷锋之歌》《八一之歌》等诗篇。

【今作】

阳朔印象

◎林 芷

我还年轻，我渴望上路。

或许是属于我的梦想就在那路上。

跟着我行走，行走。

让我们一起走到世界的尽头……

坐车从桂林到阳朔，当晚，就宿在西街。

西街就临着阳朔古码头。千百年来漓江岸边车水马龙的码头，在陆路交通发达以后，就由闲情逸致的清幽代替了。

来到西街的时候是下午，暗青油亮的路面泛着淡淡的怀旧气息。空气依然是潮的。路边的低矮砖瓦房，红窗白墙，透着岭南的古朴典雅。这条不长的小街上，布满了各式商店、酒吧、咖啡厅和旅馆，亦古亦今，亦中亦西，美丽精致像随处可见的镶着花边的扎染布。一条小街，像是一个曼妙的舞台，每个人来了这里，都情

阳朔西街

不自禁地自导自演起自己的浪漫故事来。

晚上，灯次第亮了。在深蓝的天幕里，星星的光早已比不上这闪烁的霓虹。迪厅的音乐喧响，当然早听不见江水的呢喃。这满街的热闹，就在这静静的漓江边上，变成一道浓郁的红尘风景。一家家小店，灯光或温柔或明艳，气氛或温馨或暧昧，明明灭灭地，写着西街无穷无尽的故事。这八百米长的街道，到底能容下多少浪漫呢？无人知晓，也无人细数。西街的繁华，将要到很晚才会落幕。

俗话说，“桂林山水甲天下，阳朔山水甲桂林。”当见了阳朔的山水后，便知此言不虚。

它分明是一张水墨画。墨色深深浅浅，在灰白的宣纸上画出山山水水。但又不像画那样静。水波轻漾，山风吹来，空气中有种微醺的醉意。真可谓是“群峰倒影山浮水，无山无水不入神”。这样的景色，找不出什么形容词来形容。只有“自然”二字。也可以找个岸靠，坐在被江水冲得发白的石子上，山便像挚友一样，与你交谈。漓江上偶见渔船，来来去去，便这样编织起仙境中的平凡生活来。我想，我可以在这小舟上坐一整天，只这样静静地看，

都看不累、看不倦。

晚上，我没有回西街的客栈。而是借宿于江边的一户打渔人家。黄师傅的家，在鲤鱼洲头，仅仅是一条停靠岸边的老驳船。那条老驳船，曾经载着黄师傅，打渔直到海的边缘。入夜，天黑得发蓝，世界静寂。我爬上一艘小船的船顶，打开防潮垫和睡袋，和衣而卧。放眼遥望，星辰寥落。熏风徐来，波涛阵阵。这大自然的一夜风致，像个悄然掀起世界一角的魔法师，不经意间，竟让我体验了漓江渔人那隐秘而旖旎的生活。

西街的尽头有很多租自行车的铺子，选择一辆在周边闲逛，其实漫无目的。阳朔真是一个很有意思的城市，高楼大厦、霓虹闪烁的背后永远静静矗立着墨色的山峰，并不雄伟，却温柔缠绵，所以不论怎样的现代化在这里都不让人觉得咄咄逼人。连绵不尽的山峦被我丢在身后，但前方的前方仍然是连绵不尽的山峦，看不到头。

骑着单车，拐进乡村的阡陌。稻浪青青，村舍苍苍。耕者处其田，间或歌咏两句农事。行者骞于途，偶尔叹息一声今古。

这里，远山不墨千秋画，流水无弦万古琴。一切皆是自然而然，无一丝人工斧凿的痕迹，无一处牵强附会的宣传。自然而然，天地有大美而不言。口渴时，我就轻叩柴扉，讨要一碗清水。行累时，我便弃车就野，躺下呼呼大睡。身无负累，心无挂碍，优哉游哉。

行程的尽头是座希望小学，这里的孩子们家境贫寒，有的每天要走几个小时的山路来上学。不过这并不能让他们不快乐，年轻的心灵有的只是对生活的美好期盼。对此我微笑。心中只有羡慕和感动。

返程已是黄昏，待走上马路，浑圆橙红的日头已快落山，散发着温暖的余晖。

阳朔是一种流连。离开的时候，我这样对自己说。摇曳的江水，明亮的灯火，喧嚣与宁静，尘世和天堂，仿佛只隔一线。有些明白，为什么离开阳朔会是困难的。生活在这里好像突然多出了很多选择。或者宁静淡泊，或者热闹浪漫，但不论是哪种，那必定是你内心的渴望，是真实的自由。

共来百越文身地

柳州

【图说】

柳州，又称“龙城”，是广西重要的区域中心城市，广西工业名城、历史名城、文化名城、旅游名城。全市辖5县5区，总面积1.8万平方公里，总人口395万。作为广西最大的工业城市，柳州工业总量约占广西的三分之一。

柳州是一座底蕴浓厚的历史名城和文化名城，也是一座充满风情的旅游名城。柳州的民族风情独具神韵，壮族的歌、瑶族的舞、苗族的节和侗族的楼，堪称柳州“民族风情四绝”。

【走读】

古渡幽情

◎泥　香

南方的雨云或许是过多地赏爱柳州这块袖珍之地了。

要不，这发达的水系怎会如古树的根须那样，强健地攀绕在这尊天然盆景之中，滋养了河岸靠水而居的芸芸众生，滋养了“柳江人”的灵性。或许是身在其中，人对自己的乡土总是会有溢美之词的，我不能免俗。但柳州确实是一个美丽的地方。

柳江以一弯柔水的清澈澄明，拨动了多少文人墨客的妙韵琴心，百里柳江绣画廊，这份溢美就从水而来了。

柳江发源于贵州省独山县更顶村，自柳城县凤山镇起至象州县石龙附近的三江口称柳江。柳江流经柳城境、柳江县、柳州城区、鹿寨县、象州县，全长272公里，市辖部分从露塘段起至洛维段止共74公里。“柳江环绕，……北接湖、湘，西通黔、滇，航路之便，下达浔、梧、粤东……”从古代至近代，在陆路修筑较为困难的时期，水路交通一直占据历史发展的重要地位。历史上大型的商贸集镇大多沿江设立，舟楫借以往来，柳州成为“桂中商埠”无不仰赖于之。于是，承载着这方经济文化历史发展的柳江，“埠”就与水、与码头有关了。

柳州亦为“过载码头”，沿江码头众多。柳宗元在《柳州峒氓》“郡城南下接通津”中提到柳州旧城镇码头。时有口头流传的“三川九漏四码头”，人们对码头的概说可能是止于某个时期吧，至于是否准确，我们仅从柳江北岸的长青路算起就远远不止，自西向东，数得出名字的码头就有近二十个，黄村渡口、镇南门渡口、靖南门渡口（小南门渡）、东门渡口等最为繁忙，南岸还有个人出资修筑的码头。码头也有专门的运载，有挑水码头、车渡码头、有以布匹竹木柴粮起运的码头，有义渡码头、有缉私码头。柳江带来了小城的繁荣，也给百姓带来灾害，柳州每三年就有一次警戒水位线以上的水患，“水泡沙街”成为柳州洪灾的一个标志。筑堤已成为必要，至1984年修建堤坝后，“九十九艉码头高”已被坚实的柳堤取代。

去年春上，一位考古界的朋友送了一本自己出的书给我，这原应是一件好事，而他的谦逊之情令人有些感伤。他耿耿在乎于今后如何打造我们的小城，在乎于我们这座古城还有多少将要被遗失的记忆……是的，一城柳水十二桥，随着城市功能的完善，众多的古渡码头已退出了人们的视线。在城区内，如今只剩下南岸窑埠古渡码头那未被雕琢的拙朴可资怀古了。窑埠渡口位于窑埠街头西端临河处。从汉代起，这里就建有砖瓦窑，柳江上、下游的船只均在此停泊，形成埠头，称“窑埠”。到了明万历年间，渡口形成石板码头，是当时的通津要道。

此时此际，淡淡的秋气给柳江罩上了漫河的雾纱。那窑埠老街、那塔下的旧圩场、那古树婆娑、那曾经的熙熙攘攘或许已再不能追逐，或许那城市霓虹的光鲜已无暇顾及这过时的古渡，或许它的斑驳已不值得城市发展的步履作稍许的回眸，或许我们只宜静静地站立崖边浮想……

只不过是一条水流罢了，却在这块袖珍之地弯出这么多灿如霓裳的皱褶，撩绕了那么多的妙曼情思。在曲曲弯弯的皱褶里，这个小城到底收藏了多少一如文光塔下那些久远的故事和传说……

只不过是星星点点的码头罢了，却非要点缀在这弯弯曲曲的岸边，弄出那么多的声响。走过柳子，送过霞客，别过南宋三丞相。当那些辍片在历史的隧道中呤唧作响，我们的城市还有多少曾经的过往需要记忆？当一切都已不可重来时，我们当如何去审阅那无知的哀伤？

人自古就容易被水打动，一碧流水点活了人们的日子。也许我们不该叹息斑驳的记忆，只需细细地品味那乡风流韵，倾听那史诗般的言语描述乡土；留待那新来的水流在经过古渡码头时，轻挽心舟停靠老岸；留待河浪之手，弹奏那幽静古渡深藏的宁静与恬淡，领受那时间凝聚的厚重与深邃……

游览建议路线

东门城楼 ········ 柳侯祠 ········ 大龙潭 ········ 鹅山公园 ········

柳州名胜分布示意图

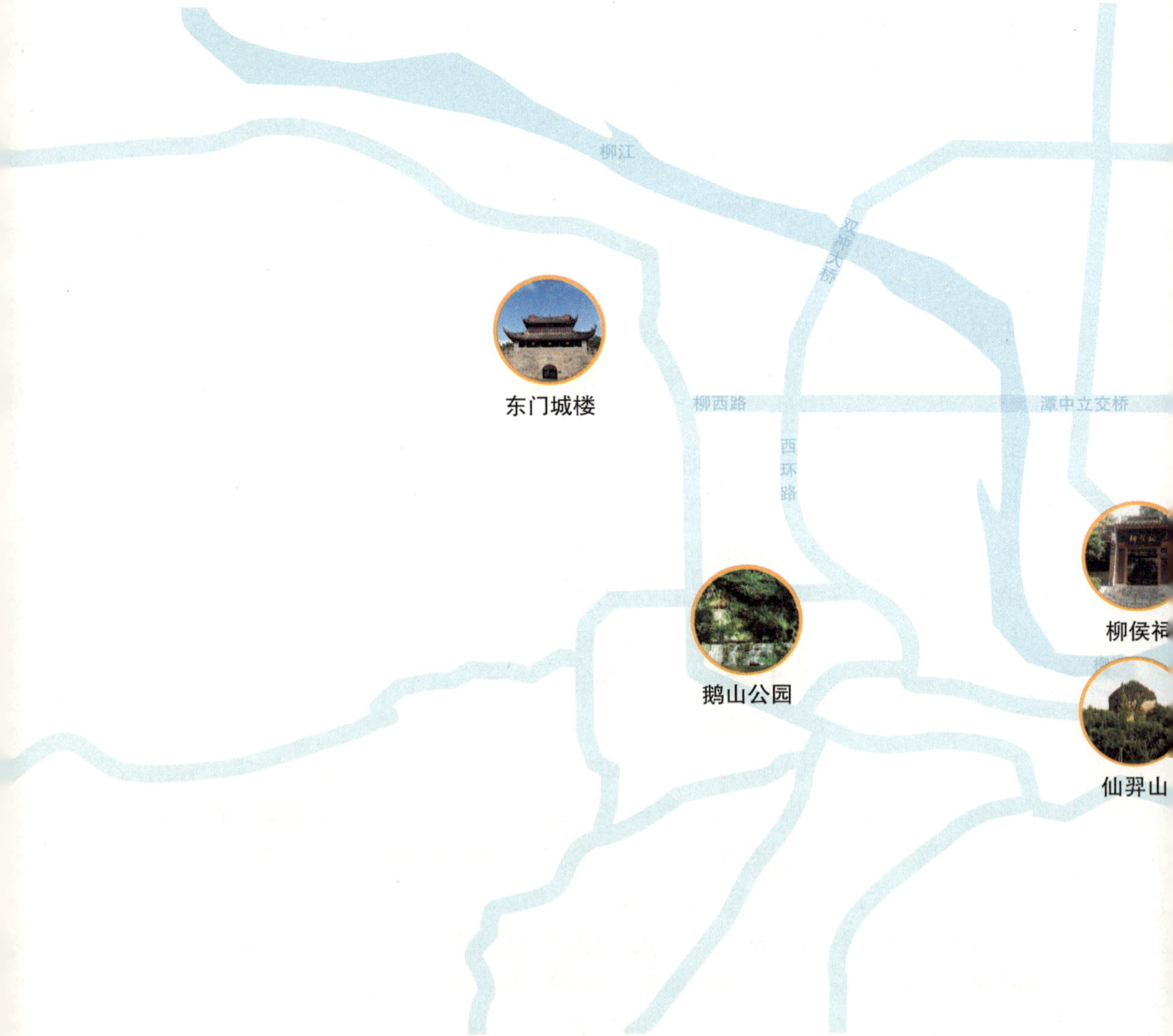

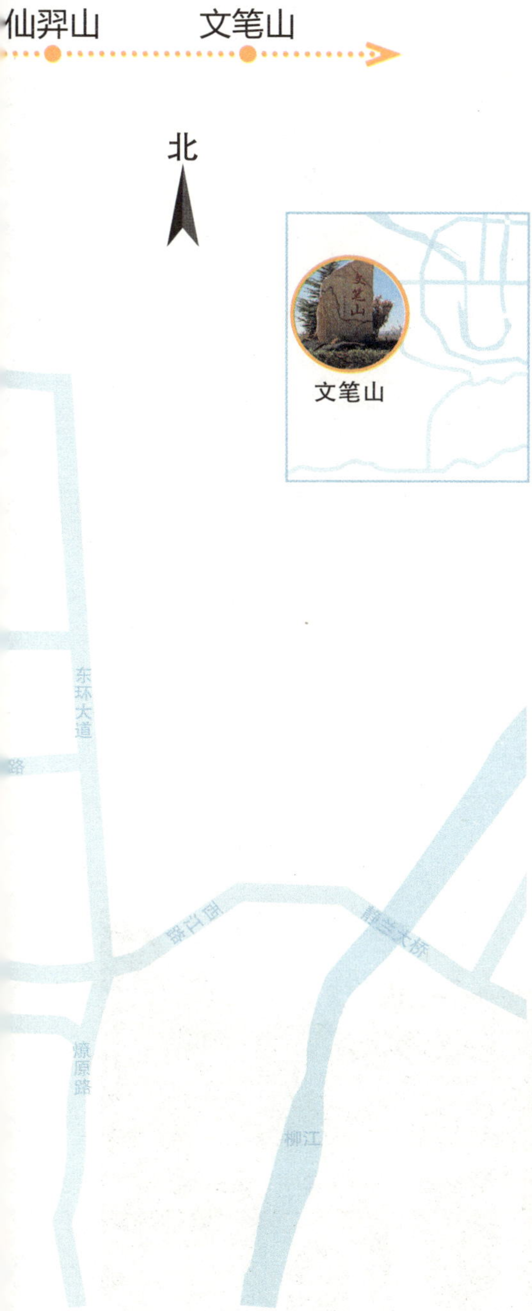

登柳州峨山

【唐】柳宗元

荒山秋日午，独上意悠悠。
如何望乡处，西北是融州。

柳宗元 像

柳州峒氓

【唐】柳宗元

郡城南下接通津，异服殊音不可亲。
青箬裹盐归峒客，绿荷包饭趁虚人。
鹅毛御腊缝山罽，鸡骨占年拜水神。
愁向公庭问重译，欲投章甫作文身。

登柳州城楼寄漳汀封连四州

【唐】柳宗元

城上高楼接大荒，海天愁思正茫茫。
惊风乱飐芙蓉水，密雨斜侵薜荔墙。
岭树重遮千里目，江流曲似九回肠。
共来百越文身地，犹自音书滞一乡。

笔山

【宋】陶　崇

晚来设色霞成绮，秋至回文雁作行。
借问墨池何处是，鹅江环绕漱琳琅。

登仙弈山

【宋】赵师邈

空余峭壁三千丈，下瞰清溪九曲湾。
因弈游口山岭表，今疑身在碧霄间。

【名篇】

柳侯祠

◎ 余秋雨

客寓柳州，住舍离柳侯祠仅一箭之遥。夜半失眠，迷迷顿顿，听风声雨声，床边似长出齐膝荒草，柳宗元跨过千年飘然孑立，青衫灰黯，神色孤伤。第二天一早，我便向祠中走去。

挡眼有石塑一尊，近似昨夜见到神貌。石塑底座镌《荔子碑》《剑铭碑》，皆先生手迹。石塑背后不远处是罗池，罗池东侧有柑香亭，西侧乃柳侯祠，祠北有衣冠墓。这些名目，只要粗知宗元行迹，皆耳熟能详。

祠为粉墙灰瓦，回廊构架。中庭植松柏，东厢是碑廊。所立石碑，皆刻后人凭吊纪念文字，但康熙前的碑文，都已漫漶不可辨识。由此想到，宗元离去确已很远，连通向他的祭祀甬道，也已截截枯朽。时值清晨，祠中寥无一人，只能静听自己的脚步声，在回廊间回响，从漫

柳侯祠正门

漶走向清晰，又从清晰走向漫漶。

柳侯祠

柳宗元到此地，是公元815年夏天。当时这里是远未开化的南荒之地，朝廷贬放罪人的所在，一听地名就叫人惊栗，就像后来俄国的西伯利亚。西伯利亚还有那份开阔和银亮，这里却整个被原始野林笼罩着，潮湿蒸郁，暗无天日，人烟稀少，瘴疫猖獗。去西伯利亚的罪人，还能让雪橇划下两道长长的生命曲线，这里没有，投下多少具文人的躯体，也消蚀得无影无踪。面南而坐的帝王时不时阴惨一笑，御笔一划、笔尖遥指这座宏大无比的天然监狱。

柳宗元是赶了长路来到这里的。他的被贬，还在10年之前，贬放地是湖南永州。他在永州待了10年，日子过得孤寂而荒凉。亲族朋友不来理睬，地方官员时时监视。灾难使他十分狼狈，一度蓬头垢面，丧魂落魄。但是，灾难也给了他一份宁静，使他有足够的时间与自然相晤，与自我对话。于是，他进入了最佳写作状态，中国文化史拥有了《永州八记》和其他篇什，华夏文学又一次凝聚出了高峰性的构建。

照理，他可以心满意足，不再顾虑仕途枯荣。但是，他是中国人，他是中国文人，他是封建时代的中国文人。他已实现了自己的价值，却又迷惘着自己的价值。永州归还给他一颗比较完整的灵魂，但灵魂的薄壳外还隐伏着无数诱惑。这年年初，一纸诏书命他返回长安，他还是按捺不住，欣喜万状，急急赶去。

当然会经过汨罗江，屈原的形貌立即与自己交叠起来。他随口吟道：

汨罗遇风

南来不作楚臣悲，重入修门自有期。
为报春风汨罗道，莫将波浪枉明时。

这样的诗句出自一位文化大师之手，读着总让人不舒服，他提到了屈原，有意无意地写成了“楚臣”，倒也没有大错。同是汨罗江畔；当年悲悲戚戚的屈原与今天喜气洋洋的柳宗元，心境不同，心态相仿。

个人是没有意义的，只有王朝宠之贬之的臣吏，只有父亲的儿子或儿子的父亲，只有朋友间亲疏网络中的一点，只有战栗在众口交铄下的疲软肉体，只有上下左右排行第几的坐标，只有社会洪波中的一星波光，只有种种伦理观念的组合和会聚。不应有生命实体，不应有个体灵魂。

到得长安，兜头一盆冷水，朝廷厉声宣告，他被贬到了更为边远的柳州。朝廷像在给他做游戏，在大一统的版图上挪来移去。不能让你在一处滞留太久，以免对应着稳定的山水构建起独立的人格。多让你在长途上颠颠簸簸吧，让你记住：你不是你。

柳宗元凄楚南回，同路有刘禹锡。刘禹锡被贬到广东连州，不能让这两个文人待在一起。到衡阳应该分手了，两位文豪牵衣拱手，流了很多眼泪。宗元赠别禹锡的诗句是：“今朝不用临河别，垂泪千行便濯缨。”到柳州时，泪迹未干，嘴角也绽出一丝笑容，那是在嘲谑自己：“十年憔悴到秦京，谁料翻为岭外行。”

悲剧，上升到滑稽。

这年他 43 岁，正当盛年。但他预料，这个陌生的柳州会是他的丧葬之地。他四处打量，终于发现了这个罗池，池边还有一座破损不堪的罗池庙。他无法预料的是，这个罗池庙，将成为他的祭祠，被供奉千年。

（有删改）

柳州柳

◎ 刘明文

一条柳江搁在面前，果然“曲似九回肠”。它绕城穿街而过，水流碧透而明澈。夹岸有长堤委婉屈伸，有始终熨帖着江水的意向。这堤也就叫“柳堤”，意义指涉可能很多，但更贴合眼下堤岸的依依垂柳。

这是春天的早晨，昨夜下过一场透雨，朦胧中的一带烟柳缭着水雾，让人虚实难辨。走近看了，才见那一株一株的柳树，俨似长袖细腰的绿衣女子，曲尽身姿的袅娜与娉婷；满枝满叶的雨珠，显然成了她们身上的玉缀银饰，而那轻柔摇曳的柳丝，则更像在把长长的绸带举舞。有风吹过，晨光中泛出一层亮色，柳树自又舞出了另一种意韵，如“琵琶反弹”，如“霓裳羽衣”，一圈圈光环跳跃出那种迷离的抽象，亦即幻作倒映水面的迷人倩影……

柳江柳堤

应该说，我平生阅过美色不少，面对如此景观，也是会有一声兴叹的。柳州柳，实在秀色夺人。然而，此时我的意趣，则更专情于捕捉一个古老的信息，沿着长堤久久徜徉，思绪穿越千年，自然就想起那位唐朝的柳刺史了。

柳宗元当年种柳的柳江边，应该就是我现时脚下的这片热土。那也许是一个南国早春的晴日或雨天，刺史带着三两仆从，一边插苗，一边培土，吃力费劲的样子，肯定没有而今立在柳侯祠里的塑像那份凛然与潇洒。因为柳宗元身患多种疾病，还长过疔疮，健康状况绝对很糟。但他硬是挺着身子走到大自然的春光中来，为了什么？为的就是一种精神，为的就是用热汗播种下的那点希望。

柳宗元在柳州为官四年，47 岁寿终于刺史任上。此前他的个人档案是：先在京都长安参与“永贞革新”，失败后遭贬永州司马，居十年，才得改任柳州刺史。他因“永贞革新”而获罪终身，可也因之让生命注进了“激素”。长安失败憋过的气，永州十年储蓄的力，现来柳州，正好再作一次小小的释放。对于长安朝廷弥漫的陈腐之气，自认无力回天，那么，就把这眼下小小刺史的权力认真利用着，抓紧营构一块自遂心愿的小天地。

文人为官的心愿其实复杂也简单，讲究的多是一种文化精神。当时柳州实在也够“蛮荒”了，一切都得从头做起，于是先挖井，再办学，修了庙宇，放了奴婢，自然也就想到要种树，好让这片南国“大荒”，抹上一层文明的新绿。柳宗元似乎坚信，水木清华，即是一种人文的滋润，树人同时树木，方可蔚成文明大气。

“垂阴当覆地，耸干会参天”，柳宗元寄寓着一个绿色的希望，也在张扬着一种官宦人格。“柳州柳”具有的千古魅力，似乎也就在于它这人格化了的精神意蕴。这种意蕴，当然是被历代文人首先领悟着和传颂着，“闲追柳侯兴，种柳柳江边”“好种江边柳，还将惠化转”……这样的诗句散见于各类文人的集子，显然都在支撑一个共同的人文理想。1000 多年了，谁说眼下这片明媚柳色，没有抹染过历史的溢光流彩呢？

“柳州柳”，一年一度，绿了又黄，黄了又绿。我也曾想，设若它仅是存活在文人单薄的诗页里，或者仅是植根在官吏们狭窄的意识里，那也是会要枯老的。而它有幸，年年柳色不断翻新。其根由就在它占了一方肥润甘美的厚土。

我居柳州已愈十载，渐渐领悟，原来最能钟情柳州柳，理解它、笃爱它以至一贯千古尊崇它的，还是生于斯或长于斯的代代普通柳州人。一棵风雨千载的古典柳树，自从根系扎入深广的民心之中，那枝那干那叶，就焕然勃发更为鲜活的生机，闪耀更为奇丽的色彩。柳州历史文物中有块著名的“龙城石刻”,那铭文也实在有点意思:“龙城柳,神所守。驱厉鬼,出匕首。福四民,制九丑。”落款处还标明了是“柳宗元”题于“元和十二年”。后经某些专家鉴识,这石刻竟为后人伪造。我想这就更有意思了。

“龙城”自古是柳州的别称。这棵“龙城柳”，显然标示出柳州人心中之“柳”的另一种形象：它不再是柔美女性的化身，而是完全注进了刚劲男性的气质；它不再仅有官本位的“惠化”意识，而是坚挺了一种抑恶扬善的民众愿望。这样的形象似乎有些奇谲与怪异，可是有那一个假托了的柳宗元之名，一切又变得清晰起来。原来人们是把这个柳宗元连同他所种的柳树，一起都给神化了。据说明清两代南方赴京应试的举子以及外出的柳州人，多有身带一张《龙城石刻》的拓片启程的，甚至还有不少外地人也颇费周折来到柳州，以谋得这张拓片为幸。人们这么做,是争着要在心中安放一座“护身”或“正身”的“神”——龙城柳。这是柳州之地众心供奉的特殊“神灵”。如果排除渗入其中的迷信因素,我很愿意这样判断:它应该就是柳州人一贯崇尚的道义精神。

柳州人历代外出为官的不算太多，但是每出一个，几乎都能在当时政坛弄出一些声响，以“仗义持节，抑恶扬善”而著称。明代的柳州人中，出过八位清官，地方史称“明代八贤”。就说那个刚正不阿的戴钦，进仕后官至刑部员外郎，为议“大礼”而直言犯谏于嘉靖皇帝，当堂被皇上下令用大棍打得遍体鳞伤、鲜血淋漓，伤未及愈，便结束了年仅 34 岁的生命；再说那勇斗权奸的张翀和徐养正，一个是因上书揭发当朝奸相严嵩营私乱政的恶行，一个则因当众公布严嵩儿子严世蕃的罪状，而后都遭昏庸皇帝的残酷“廷杖”，并被判下大牢，要不是有人力保，也早丢了性命。另外那五位，亦被称为柳州硬汉，或耿直不阿，或清正廉明，声名俱闻于朝野……我想这些柳州人，身上都是带了一张《龙城石刻》拓片的，那棵“福四民，制九丑”的“龙城柳”，就在他们心中灵光四射，不仅照亮了当世，也辉泽于后代。至今柳州人精神品性中那种“豪爽仗义，果敢有为”的特征，肯定就是承传了先人们的一脉因袭。

柳州柳的种植到了现代，神化的色彩业已蜕卸，显露出纯自然的生命形态。柳州人于是更愿从自然之“柳”的品性中寻得自己的契合点。柳树的生命力极强，对不同环境的适应本能尤为惊人，因此它所特有的“四海为家”观念，首先备受柳州人的欣赏。现代意义的柳州人，实际也像一个移地而栽的“柳”的群落。他们中的十之八九，至多上推三代，都有一个清楚的“外

籍”，或东北，或京都，或江浙，或川黔，或者湘鄂闽粤，真可谓五湖四海大聚会。因此在生存意识里，他们很像得过柳树的真传：适地而生，应时而长，不自封，不排外，更善接纳与涵容，对己对人都不乏柳丝一样的柔和。在心理品性上，他们更在固有的刚劲之中，注进了柳树的韧性，既“坚”且“韧”，刚柔相济，使柳宗元所期待的“垂阴覆地”“耸干参天”的道义理想更具现代气质。“坚韧不拔”一语，今已正式写进“柳州精神”的概括中，道理似乎即在于此。

看来，柳州人对于“柳州柳”，是该当作自己的生命之树来呵护了。

前些年有次柳江发洪水，水位猛涨令人防不胜防，十里柳堤反复淹泡于黄汤之中，实在心疼了柳州人。为了堤上那几排岸柳，他们就昼夜守护在洪水线上，只待树身露出水面，即用清水一棵一棵地冲洗，不让一枝一叶沾滞泥尘。不料刚把它们洗出容颜，洪水再度上涨又把它们淹泡了。于是泡过又洗，洗过又泡，如此再三，反复不止。这样的劳作真无异于西西弗斯在往山顶推石头，令人崇敬也令人叹息，而柳州人愿做这样的“西西弗斯”，或许就为心中那份至真至善至美的关爱吧！

于是我想，能做一棵“柳州柳”，真算有福气。

刘明文（1943—　）

湖南辰溪人，中国作家协会会员，现为广西作家协会理事、广西曲艺家协会理事、柳州市作家协会副主席、柳州市散文家学会会长，著有散文集《情也依依》《畅饮阳光》《心湖灵影》，中短篇小说集《101密图》《临界》《大头面具》等。

迷人的柳州风光

◎ 刘沛盛

在离桂林仅 176 公里的地方，还有一处风光迷人的佳境，那就是被国际友人惊叹为“世界第一天然盆景”的柳州。柳州，因相传“八龙现于江”，又有“龙城”之称。这座古老而又美丽的城市，已有 2100 多年历史。柳州山环水绕，宛若玉带的柳江蜿蜒曲折穿城而过，将北面市区绕成一个半岛，登高俯视，全城恰似一尊“金钱吊葫芦”的天然盆景。在这尊“盆景”上，山清水秀，岩洞奇妙，历代相传有“柳州八景”：南潭鱼跃、天马腾空、笔峰耸翠、鹅山飞瀑、罗池夜月，灯台返照、驾鹤晴岚和龙壁回澜。随着社会主义建设的发展，柳江两岸的山光水色、文物景观更为绚丽多姿，被国家列为甲级旅游城市。柳江河北有纪念柳宗元的柳侯公园，嶂影湖光的鹊儿公园；河南有临

柳州城景

江揽胜的江滨公园，碧潭独峰的鱼峰公园，恬静绝美的龙潭公园，洞天奇幻的都乐园以及瑰丽神奇的古人类遗址白莲洞等。

唐宋以来，柳州就是游览胜地，唐代文学家柳宗元曾留有“岭树重遮千里目，江流曲似九回肠”等脍炙人口的诗句，明代进士王启元还写下“柳州山川甲天下”的赞语。可见，桂柳山水有异曲同工之妙，如果说，桂林山水以清丽多姿闻名中外，那么，柳州山水则以她古朴的民族风情和科普探幽脱颖而出。柳州风光的主要特色是“三古一情”，“三古”是刘三姐、柳宗元、古人类遗址，“一情”是地方民族风情。

“柳州有座鱼峰山，山下有个小龙潭。终年四季歌不断，都是三姐亲口传。”柳州有“歌乡”之称，而集中显示这一特色的就是鱼峰山了。鱼峰山，在河南繁华闹市中拔地而起，山势峻峭，郁郁葱葱，犹如桂林独秀峰，又比独秀峰更富有神话色彩。鱼峰山上有尊汉白玉雕塑的美丽的壮族姑娘，那就是流传东南亚一带的歌仙“刘三姐”。传说“刘三姐”就是从这里骑着鲤鱼上青天的。鱼蜂山中有 7 个彼此相通的岩洞，人称“灵通七窍”，山腰洞中还有两组“刘三姐”与财主老爷对歌和与众乡亲道别的群塑，人物栩栩如生，引人遐想。山脚下一泓方圆百米的小龙潭，古人称之“灵泉”，潭水碧绿，恰好将整座鱼峰山倒映潭中，相映成趣。潭北边有“南潭鱼跃”碑亭，东边有“灵泉阁”和“潭光”“峰影”二亭，从此观看鱼峰山宛如一尾鲤鱼跃出水向，直冲云天，人称“南潭鱼跃”，每年中秋之夜，龙潭印月映蜂，游客不绝，歌声不断，此诗情画意，令人终生难忘。就是平日也有成群的歌手自发聚集在山脚下对歌。中外游客每游至此，无论听不听得懂，都被热烈的对歌场面所吸引，惊叹这是柳州民风一绝！柳侯公园是为纪念我国唐代著名思想家、政治家、文学家柳宗元而建的。柳宗元于元和十年（815 年）被贬为柳州刺史。在柳州四年，他为人民做了不少好事。突出的政绩是：释放奴婢；破除杀牲祀鬼的旧俗；收集民间药方，提倡医学；组织人民开荒凿井，种柑植柳，发展农业生产；兴文教，办学校等。柳宗元热爱柳州，著了不少诗文赞美柳州风光。如今的柳侯公园，一派生机勃勃：以人工湖为中心，过曲桥，穿亭阁，湖畔绿树丛中掩映着动物园、禽池，儿童游艺场、古典盆景园……绿茵茵的草坪上孩子们在翻滚嬉戏，林荫小道上情侣怡然漫步，历史翻开这明媚的一页，不正是当年柳侯所憧憬的吗？

据说，当今世界旅游“热点”从神话传奇趋向科学寻求，而集景观与科普于一身的柳州白莲洞古人遗址又是一颗奇珠。白莲洞位于柳州市郊东南 12 公里的白面山，洞内游览路程长达 1870 米，洞内上下起伏，迂回曲折，可分

6层，各层钟乳石千姿百态，石笋石幔，玲珑瑰丽，怪石巉岩奇特曲雅，洞内有天官奇影，梦幻仙境，有浩瀚天宇，天然大厅，有蝙蝠王国、龟池聚宝；还有奇妙的地下河道，流水清出，春夏之季，可泛舟畅游。千变万化的白莲洞，不仅以绚丽多彩的景观吸引游人，而且以它特有的科学价值有益于人类。白莲洞内有方解石、海底生物化石、石坝等种种地质现象，还立有重现远古人类生活情景的雕塑，厅洞口古人类遗址出土了千百件史前动物骨骼，人类牙齿化石、石斧、石奔、石环等文化遗物。白莲洞寓科学知识于游览之中，它可以满足不同层次游客的要求：中外各种科学家远道来此考察研究古人类学、民族学、岩溶学、地质学、矿物学等；旅游家们来此寻幽觅胜，饱览风光；而青少年假日来此天然大课堂吸取人类发展史的知识乳汁。沈醉先生游白莲洞后写下一个“根”字，精辟概括了人们顺着人类祖先的根在此探索、开拓。

柳州地方民族风情浓郁，这里生活着壮、汉、苗、瑶、侗、回等兄弟民族，他们有着各自独特的语言、服饰，村寨建筑、风味小吃和传统的民族节日，除了上面说到鱼峰山的中秋歌节外，柳州地区三江、融水一带还有三月三日歌节、盘王节、花炮节、斗马节等，都十分隆重、热烈，在离市区只有3公里的地方，有一个新开发的以“自然风光、民族风情”为主旨的大龙潭公园，此处群山叠翠，幽深莫测；碧潭映峰，水面宽阔。有“林荫相思”“美女照镜”等景点，恬静优美，令人流连忘返。大龙潭公园包括外围“七女峰”等山体有八千多亩，面积比北京颐和园还大！大龙潭公园现已建成山巅亭阁、侗族鼓楼、风雨桥等，将来广西苗、瑶、侗、壮等少数民族风情荟萃此处，风光风情相互辉映，定会吸引天下游客到此旅游。

柳州，沐浴在改革春风中的柳州，如今分外妖娆，她像出水芙蓉，像喷薄欲出的旭日，是那么清新，那么壮丽。五湖四海的朋友，来吧，秀丽的柳州正向您敞开热情的胸怀，伸出友谊的双臂，让我们同去追求、去创造，我们的目标正是我国著名艺术家赵丹在都乐岩书法碑林题下的四个大字：“天下都乐”！

刘沛盛（1944— ）

湖北省红安县人，国家一级编剧，柳州市社科联兼职副主席，著有散文集《生命之春》、诗集《远航》，主编出版过《柳州文化志》《广西民间文学作品精选（柳州市卷）》《时代之魂》《中国少年魂》《得失寸草心》等。

【今作】

黄蕉丹荔 福我寿民

◎ 周立波

去年盛夏偕友一同去广西，去广西的目的不是为了去桂林浏览那里的山水，而是特地为了去柳州拜谒著名的柳侯祠。当飞机降落到山水甲天下的桂林的时候，我们没有稍作逗留，便马不停蹄地乘车前往柳州。

柳侯祠位于柳州市柳江北岸的古罗池地区的柳侯公园内。柳侯祠始建于唐长庆二年（822年），因邻近罗池，旧称“罗池庙”。清光绪三十二年（1906年）由地方名流倡议，以柳侯祠为中心辟建公园。宣统元年（1909年），在柳侯祠的原有基础上扩建成公园，并定名为“柳侯公园”。

“一身去国六千里，万死投荒十二年。”这是柳宗元《别舍弟宗一》中的两句。唐顺宗永

罗池桥

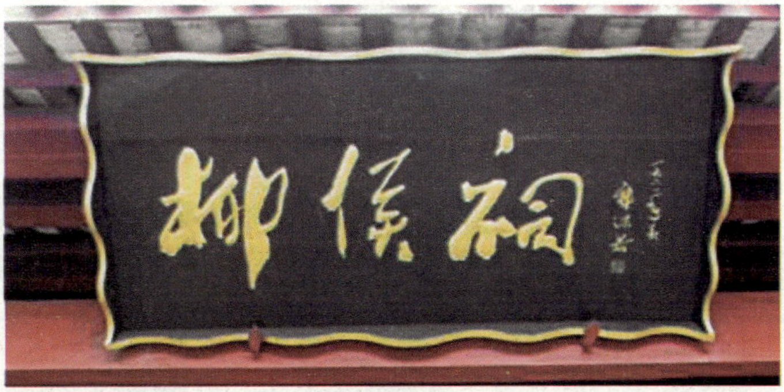

贞元年（805 年），柳宗元被贬任永州司马，宪宗元和十一年（816 年）离永州到任柳州刺史，其间共十二个年头。诗中可见柳宗元离开长安、遭贬远去的复杂心理。

柳宗元（773—819），字子厚，祖籍河东（今山西省永济县），故人称“柳河东”“河东先生”；因曾贬官柳州，又称“柳柳州”。唐贞元九年（793 年）进士及第，授校书郎，做过蓝田县尉和监察御史、里行等官职；中唐时期与韩愈共同倡导了古文运动，成为“唐宋八大家”之一；永贞元年参加王叔文领导的政治革新运动，官至礼部员外郎；革新失败，同年贬任永州（今湖南省永州市）司马。在永州的十二年间，柳宗元留下了很多杰出的作品，最著名的当数《永州八记》。当他赴任途经汨罗江的时候，失意的心情立刻与当年的三闾大夫的遭际联系在了一起，面对滔滔的江水，心潮澎湃，写下了《汨罗遇风》：

南来不做楚臣悲，重入修门自有期。
为报春风汨罗道，莫将波浪枉明时。

元和十年，柳宗元改谪柳州。在他南行的途中，同行的还有韩泰、韩晔、刘禹锡、陈谏四人。五人都是贬官，同因为王叔文的革新运动被贬，而且同由京官被贬司马再迁刺史。不同的是他们分别去了不同的地方，柳宗元为柳州刺史，韩泰为漳州（今福建漳浦县）刺史，韩晔为汀州（今福建长汀县）刺史，陈谏为封州（今广东封开市）刺史，刘禹锡为连州（今广东连州市）刺史。同是天下沦落人，失落与困顿，百感交集，柳宗元的一首《登柳州城楼寄漳、汀、封、连四州刺史》极尽描摹出当时各自的心境：

城上高楼接大荒，海天愁思正茫茫。
惊风乱飐芙蓉水，密雨斜侵薜荔墙。
岭树重遮千里目，江流曲似九回肠。
共来百越文身地，犹自音书滞一乡。

鱼峰山

到了柳州之后，作为地方的一任军政长官，柳宗元立即投入到对柳州的治理工作之中。柳州当时处于边远之地，政治、经济、文化等方面都相对落后，柳宗元到任后作了全面的改造。首先是修孔庙，兴儒学。他派人修复年久失修的文宣王庙，并亲自撰写了碑文《柳州文宣王新修庙碑》，试图从思想上教化民众。其次是拓荒地，促生产。他领导百姓开垦荒地，种庄稼，植树造林，试图从根本上解决老百姓的生活困难。柳宗元有一首《种柳戏题》诗，是专门描写当时植树情形的：

柳州柳刺史，种柳柳江边。
谈笑为故事，推移成昔年。
垂阴当覆地，耸干会参天。
好作思人树，惭无惠化传。

在柳州任上的四年中，柳宗元为柳州人民开启了思想的天窗，也为柳州百姓做了许多实事。柳宗元对柳州的影响极其深远，何止是千年百年。然而，柳宗元终因劳累过度，再加上本身的疮毒复发，于元和十四年（819 年）十一月八日（一说十月五日）离开了爱他敬他的柳州人民，年仅 47 岁。

柳宗元在去世前曾经留下“馆我于罗池”的遗愿，柳州人为了纪念他，特地在罗池湖边修建了一座罗池庙，以期永久瞻仰。到了宋代，柳宗元被追封为文惠侯，罗池庙也于宋崇宁三年（1104 年）改称柳侯祠，到了清代，又被扩建为柳侯公园。

如今的柳侯公园除了柳侯祠外，还有罗池、柳宗元衣冠墓和柑香亭等景点。

柳侯祠自唐代建成至今，历朝都曾对其进行过修葺及扩建。柳侯祠的现址为明代柳侯祠庙址，清宣统元年（1909 年）在原址上重建。新中国成立后，几经修葺，柳侯祠终于恢复了原貌，并有所扩展。现存的柳侯祠建筑结构为清代三进制木砖结构。祠堂为清代风格，分前殿、中殿、后殿。祠庙坐北朝南，白墙青瓦，红椽飞檐，古朴庄严。祠堂大门上高悬的“柳侯”金字匾额，乃郭沫若先生的手迹。大门两旁的楹联，“山水来归黄蕉丹荔，春秋报事福我寿民”，乃由韩愈诗句集结而成，清末永州知府杨翰所书。

柳侯祠的头进保存有自宋至今的历代碑刻二十余块，其中有两块碑刻最为醒目：右侧的为南宋嘉定十年（1217 年）所刻原件，左侧的为清代的复制品。碑文摘自韩愈《柳州罗池庙碑》的《享神诗》。因其句首云“荔子丹兮蕉黄”，后人便称此碑为“荔子碑”。诗赞柳侯，作者韩愈，书由苏轼，唐宋三大文豪的文采神韵凝于一碑，堪为绝品，故后人亦称之为“韩文苏书柳事碑”或“三绝碑”。

…………

柳宗元的事迹为后人景仰，韩愈的诗为后人传唱，苏轼的书法为后人临范，真是名副其实的“三绝”。在柳侯祠内还有两口石井，引人注目。据记载，它们是柳宗元到柳州后为解决百姓吃水困难派人专门挖的。这是柳宗元功德于柳州的铁证。饮水思源，柳州人将会永远铭记于心。祠堂内高大的榕树让

柑香亭

柳宗元塑像

人不由得想起柳宗元“宦情羁思共凄凄，春半如秋意转迷”（《柳州二月榕叶落尽偶题》）的诗句。柳宗元的衣冠墓位于祠堂的后面。柳宗元逝世后，遗体即被停放在罗池的西北侧，直到第二年，由他的上级兼朋友裴行立资助，才得以运回长安万年县（今陕西临潼）栖风原安葬。柳州人民为了永远纪念他们的恩人，在原来停放遗体的地方建起了一座衣冠墓。环绕着衣冠墓四周，青松苍翠，绿树掩映，这位伟大的人物，虽然遗体不在，但灵魂却永远留在了这块他难以释怀的土地。

从衣冠墓向东，远远就可以看到一座亭子。红色的棂柱，青色的檐顶，在暮色的余晖里与祠堂遥相呼应。亭子没有什么雕梁画栋，简单的柱子，简单的飞檐，却恰恰能够让人联想到那位曾经在这座亭子里休憩的刺史大人。

此亭名之为柑香亭，却没有发现周围有柑橘树。想来当初是有柑橘树的，而且每逢柑橘收获的季节，当地的老百姓都会摘几枚送给刺史大人品尝，又或者那些柑橘树本身是有灵性的，大人在的时候枝繁叶茂；大人不在了，也就日渐枯萎了。没有柑橘倒是有竹子，清瘦有节的竹子恰与柳宗元的品性相仿。我喜欢这竹子，喜欢这竹子配这亭子。

祠堂、衣冠冢、柑香亭，还有那片小竹林把一个罗池包围在中间。罗池不大，却常年清澈见底。一棵大榕树横卧在池上，似一条卧龙，简直把罗池仙化了。与柳宗元同时被贬放的刘禹锡曾经在《陋室铭》中写道：“山不在高，有仙则名，水不在深，有龙则灵。”罗池不大，水也不深，却有一条龙横卧其上，岂不是有仙有灵吗？

走出公园大门，回望公园巍然庄严的大门，门内的柳宗元的塑像傲然挺立。这位出生于黄河流域的伟大的文学家却把自己的生命献给了地处南疆的柳州，这是柳宗元政治生命中的不幸，却恰恰是柳州人民的大幸，也是中国文学柳宗元塑像的大幸。

柳州露水汤圆

◎ 韦俊海

小时候常听人们说:“吃在广州,玩在杭州,死在柳州。”我就早有疑问,为什么要吃在广州而不是吃在柳州?之所以这样说,是因为柳州有好吃的露水汤圆,还有好吃的马打滚、萝卜糕、艾馍粑,甚至还有柳州脆皮狗肉和柳州螺蛳粉……

我提到那么多好吃的东西,正好是柳州经久不衰的地方名食,上千年来一直名扬国内外。记得在一次迎春茶话会上,柳州接待了一批在海外生活了几十年的柳州籍同胞,有人问那些客居海外的侨胞们说:“回家了,你们最想吃的是什么?”客人们竟然有三分之二的人回答说:“想吃家乡的露水汤圆。”

柳州露水汤圆

听到柳州露水汤圆,我想起多年前在北京念书时的一段小故事。那天,授课老师忽然给我们讲了南宋时期的汴京作者孟元老的《东京梦华录》,甚至从《东京梦华录》讲到了南北元宵的饮食文化。我记得当时教授上的是古代小说课,怎么忽然扯起《东京梦华录》中的汤圆来,而且还说到了柳州露水汤圆?教授最后说:“很遗憾,《东京梦华录》里竟然没有记载柳州露水汤圆。”

后来,我从教授口里得知,他也是柳州人。他说他小时候常听大人们说,家乡有一死囚,名字叫什么他已忘记了,那死囚在临刑前,狱警问他还有什么要求?死囚立即露出惊喜的笑

容，“嗵”地跪到地上，说他死前最大的愿望是能吃上一碗柳州露水汤圆，别无他求。尽管这样的要求对于狱警来说是件小事，但它对于死囚来说却显得非常重要。至于如何重要，教授不再赘述。但教授说他是听了那个故事之后，和柳州露水汤圆结下了不解之缘。他说，尽管现在他已客居北京，但他常常吃到柳州露水汤圆。当时，我简直不敢相信教授的话，至少我觉得他在吹牛，但后来我发现我的猜疑是错误的。教授说他常收到家乡寄来的里雍头菜，然后到菜市口商场买回汤圆粉、香菇、木耳。购到以上东西回家，亲手下厨。这样，柳州露水汤圆就张口可吃了。

在教授的影响下，柳州露水汤圆在我的印象中永远定格了下来。在我的记忆里，柳州露水汤圆最早出现在黄竹巷口和红星剧院门前的小摊上，随着时间的推移，谷埠街、鱼峰山、青云菜市、莲塘路等小吃摊上都有卖，络绎不断的人群大都是本地人，但也有不少外地游客慕名而来。

有一天，我在柳州一条小吃巷里走进一家露水汤圆店吃汤圆时，我对墙上的所谓宣传广告看得入迷。店老板也许对我的好奇或者说是专一颇有兴趣，就端起盖碗茶坐到我旁边，与我吹起他店铺的汤圆。他说他杨家的族谱记载，唐代文学家柳宗元被贬为柳州刺史时，他杨家在除夕夜就给柳宗元送去露水汤圆，当年柳宗元吃后赞不绝口。我说我不信，简直就是吹牛！店老板并没有生气，他说信不信由你，反正他家的汤圆已有1200年的历史，他家当年的油粘米、糯米都是从柳江上游三百里的融安县水运到柳州的，由于米质好做出的露水汤圆固然就是好。他还说他祖辈杨廷理，于乾隆四十二年（1777年）拔贡，五十一年升台湾同知，后曾三任台湾知府，在台湾的年月里，杨廷理曾试图在台湾开设柳州露水汤圆馆，以便将杨家露水汤圆发扬光大，但因没有柳产里雍头菜而无法吃上真正的家乡汤圆。

我听完店老板这么一说，尽管他的可信度只有一成，但露水汤圆的知名度仍有增无减。写到这里，已是凌晨2点，窗外下着雨，我想，如果窗外无雨，现在就想去吃上一大碗，甚至带上老婆孩子。

椰风海韵醉游人

海口

【图说】

海口起源于汉代，开埠于宋末元初。由于它位于海南岛最大的河流——南渡江口西侧，地处南渡江的出海之口，故取名为“海口”。“海口”一名最早出现于宋代，迄今已有九百多年的历史。

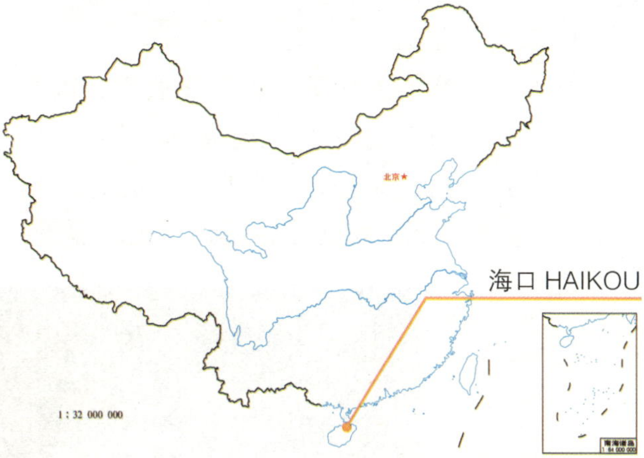

海口又称“椰城”，是全国最大的经济特区海南省的省会，它处于华南经济开发带的前沿位置，毗邻港澳和东南亚地区，是连接大陆和东南亚的枢纽。

海口自然景色宜人，名胜古迹众多。五公祠、海瑞墓、琼台书院，展现了丰富的人文史迹景观；秀英炮台、中共琼崖第一次代表大会旧址、中山纪念堂载述着光荣的革命传统；世纪大桥、海南热带野生动植物园、火山口国家地质公园记述着海口的新发展。

【走读】

行走海口

◎ 彭子柱

人出琼州海峡，便到海口了。走过排排椰林漫步海滩，望绵绵海波涌向天边，脑海却历历可现楚国风光，仿若置身楚国洞庭烟波。其实全是错觉，这里是椰海碧天。楚国一池湖，岛国一汪海，古文中的楚雄与南蛮，不知他们如何面对这两潭碧蓝。洞庭江风和屈子九歌穿越久远的历史时空悠然飘来又悠然而去，透彻了头顶的天空。可当年游洞庭时，耳畔从未响起过黎家歌谣或苗乡大鼓。遗憾的是，如今我才登临这南方岛国。

在此地，我不敢论笔，也羞于谈文，因有文豪苏东坡重压头顶，且只能抛却一切压力，握着一部摄像机，东拍拍西照照。一排惊涛拍岸，几声浊浪荡天，我陡然触摸到历史的厚重。

椰风海韵

苏公祠

琼崖揭竿风云依然演义，我便在金戈铁马中了。元朝初琼州安抚使赵与珞与元世祖的一场白沙门较量，惨烈悲壮，血腥把历史熏得蜡黄。历史血海滔滔，历朝更替的血流把白沙门染成死亡之门。直到清朝，那位名叫禺琰的满清帝王，虽然除掉了“二皇帝”和珅，但在其之前的康乾盛世表象掩盖下的文字狱，却让人斯文扫地，谁敢说整个满清王朝无不充满乌烟瘴气。可笑的是，偏偏在康熙年间诞生了文学巨匠曹雪芹。康乾盛世尚未衰退，家族败落的曹雪芹“一把辛酸泪”写下《红楼梦》，不仅把中国文学推到了历史顶峰，而且更重要的是为封建王朝画上了重重一个句号。晚清政府腐败无能，加之八国联军大举入侵，泱泱中华民不聊生，此间鼠疫、天花、瘟疫接连发生，仅海口地区，于光绪二十六年（1900年）患天花、瘟疫死亡人数就超过5000人。以暴治国，践踏斯文，喜谄自醉，残害忠良，对外却无力御侵，对内无能抚民，如此朝政怎能长治久安?

站立海滩，因敬畏于文，连在北国学来的两首信天游，也羞于喝吼了，我担心会把沉重的历史烟云震下一场雨来。有海浴的红男绿女身着性感的泳装赤脚走在沙滩，我多想唱情歌，可突然感到北腔不搭南调，只好忍住。那年在粤东南澳岛的海滩上，刚起步习文的我，却在此与文友大谈文道，虽轻狂无知，但那里毕竟没留下大文豪的足迹。只有抗倭英雄郑成功率千军万马在此登船渡海收复台湾，写下不朽传奇，虽令我敬慕，毕竟他只精于武道。其后在长城源头山海关老龙头看海，我却敢在举世闻名的长城古海边谈诗论文，因在那里留下足迹的文豪太多了，太多就没有了压力，况且都是匆匆过客。而在这南国椰岛海滩上，我只能沉默，一直沉默到海口市内的苏公祠。

在古朴而不失雍雅的祠堂内，陈列着与苏老先生为文有关的一些文物。摸摸古画，抚抚陈墨，心中有一个愿望：能沾上老先生的灵气。直到出门前，见到连篇累牍的东坡诗文，我的沉默才开始打破，静静地拜读老先生的诗文，以便拉近与老先生面对面交心的距离。苏老先生虽遍迹天下，我却没福份做

海口骑楼

他的弟子，诵读“大江东去，浪淘尽……”也算一种慰藉吧。

今天的文学，多半是玩，多半也不算玩。有人质疑，苏东坡作为一朝高官，是不是把文学玩到炉火纯青？我想这是一种揣测。只有擦城而过的老城澄海，微波细浪且温文尔雅，让人一望海波，便会想起苏老先生的微笑，“天容海色本澄清”一句，本是描写老城这汪海的，想不久前却在秦皇岛老龙头的一门楹上读到过此句，心便豁然，老先生一文通南北，一胸怀天下，谁能做到？无论南海北海，老先生的笑容已融化在碧海长天中了。荡舟海面，可与老先生亲密拥抱，这是大师敞开的胸怀，人在海中怎么撒野都行。也许心存敬畏，在老先生怀中我怎么也撒不起野来。想过去在天水，我买了八卦盘，故作高深摆弄，直到进了伏羲庙，望着伏羲面前一副巨大的石制八卦，汗颜了。苏老先生爱文静幽雅，在这汪海中撒野跟在伏羲故里摆弄八卦又有什么不同？

在海口市内，人可以尽情去亲近历史。在市内老街，可以从骑楼上触摸古人的踪迹，可以在椰影婆娑的五公祠里聆听悠远的古风；在东寨港，可以去海底村庄看红树林，感知琼北大地震留下的伤痕；在假日海滩，可以凝望拨水弄波的闲客，可以眺望海甸岛上漂浮海中央的楼群……自然而然想起苏老先生诗句，“余生欲老海南村，帝遣巫阳招我魂……”海口过去是一个渔村，也只有苏老先生最早为海口留下一抹笔墨，让后人读出无限感慨。来海口前，我在京城念书，因同样学文，也同样遭小人诬陷和迫害，但我心境的悲凉怎么也无法达到老先生心境的豁达，多少年却写不出像样的只言片语。我只暗自解嘲，此地弄文，确实不配。

在中山老街上，一排排骑楼已残破不堪，这曾经繁华的街市，却一度成为日军耀武扬威的司令部，一个尚武的区区小国，竟连一个泱泱大国最清静僻远的岛屿也不放过，肆意践踏。一群杀人无度的狂徒，让多少无辜死得不明不白。大海碧波的静美与豺狼虎豹的野蛮，在此处奇异野合，把历史奸污得哭笑不得。自古以来，倭贼吞我华夏的野心就一直没有停止过。其实我们对侵略者太过于迁就了，汉唐时期就为他们育才输学传技，让他们吸走文明精华，最后一度竟落得成为他们烧杀抢掠的试验地。只有苏公祠前零乱的枪声，飘过历史的远空，惊醒了一代文豪的诗魂。站立骑楼下，整条古街趴伏眼前，那些高贵的古建筑，为何如此谦卑？正因此处一边是古色古香的南国温情，一边却是刀光剑影的血光之灾。崇尚斯文的海口人怎不心存恐惧？

行走海口，我却被市内温雅古朴的历史气息泡得满身疲惫。苏老先生因文而出海口进京城，而我因文出京城而进海口，短暂的邂逅，我又能从老先生的笑容里，椰城淳朴的风情里，海峡清澈的波纹里，获得什么呢？只好把刚刚读过的苏词，写在我刚出版的《天歌》扉页，让二者在我的沉默中，静静地交融。

海底的村庄

东寨港湾，海波涟涟，不管风和日丽还是稠雨绵绵，人在岸边渔村默默读海，别有一番情味。款款海浪携来习习海风，拨弄婆娑椰影，弹奏出轻妙柔曼的椰风海韵。低头侧耳，隐隐可听见潮润的歌喉穿透历史的壁垒，从海底悠然飘来，用心感悟，明万历年间公元 1605 年 7 月 13 日亥时，因一场九级地震而沉入海底的 72 个村庄浮上心海，在我苍凉的心境中幻化成莫名的悲壮。椰林百鸟争鸣，谁在吟唱，一段历史尘封海底，酿成陈年苦酒，伴随历史的潮音涌向无边的极远。袅袅醇香，化作潇潇悲歌，让我默默品味出无言的厚重。

临海听浪，东寨港湾像个埋头抽烟的老汉，默默抽悠悠吐，沉寂得连只鸥鸟的影儿也难觅见。数百年来，东寨港如此沉默，一直沉默到我今天的心坎。无语漫步岸边，让思绪拾掇历史的碎片，连缀成弹指即破的心书，无法翻读，只用心感悟。岸畔一个个村庄的名字无不与沉海的村庄有着切肤之痛，星辉、林市、下山、后排仔、美园、龙江等数十村庄，大都一半沉入海底，一半留在陆上，长长海岸成了难以愈合的伤痛。

东寨港

几百年来，海底村庄，渐渐被人淡忘，滨海村落，只有静静守候，像是为沉没的村庄默默守灵，岸边古木虬枝盘曲，浓荫遮天蔽日，算是给亡灵最好的抚慰。人说，东寨港湾就是偌大一座古墓，近年来还真有恋财者趁海水落潮后掘滩寻宝。四百年前的锅碗瓢盆都是文物啊，可他们不曾想想，那些罹难之人，都是黎民百姓，哪像帝王将相的地下宫殿金银如山，掘宝谈何容易？倒是海滨渔村的旖旎风光，让厌倦都市生活的人们欣喜若狂，前来休闲度假者络绎不绝。

椰林晚唱，成东寨港湾特有的情趣。

那年我正带战士们驻村搞创建，一座名曰“海誓”的爱心亭在海边刚刚建成，每天可见倩影绰约，情侣依偎，把把连心锁在海边铁链上牢牢锁定一段忠贞不渝的爱情。而东寨港湾人丝毫不见半点激动和骚动，只有各自走出家门，默默跟我们一起建设村庄，向游人们展现一幅军民共建的和谐图景。傍晚时分，点点渔灯亮了，一些投宿“临海居”和农家乐小院的游人三三两两来到海边堤坝，或在摇船板或荡秋千，或在渔家小屋摇纺车，或躺在绿茵茵的草坪上看深蓝空中星星闪烁，或三朋四友席地而坐品酒聊天，或情侣双双相依相偎在草坪在树下窃窃私语……乡村琼剧唱起来，竹竿叮当响起来，木叶竹萧吹起来，轻曼的椰风海韵，清丽的乡音乡曲，纯净的音质拂过清静的心海，人便陶醉，幻化一湾海，静静漾动缠绵不尽的醇爱。数年来，我人生际遇种种诬陷，却在此觅得一份宽慰，让苦闷化作海波涤荡开去。海潮涌动，月亮升起，只要稍稍张开想象，时光果真倒流，破碎不堪的一页徐徐展开，那场灭顶之灾——琼北大地震在脑海訇响，给人阵阵震撼，让人在回归自然中不忘种种灾难无时不有无处不在。一场大地震，也许来得并不突然，种种预兆自然会接连出现，可习惯平安无事的人们又怎会在意？

在此地品尝海鲜，绝对地道。从星辉村沿岸北走，十来分钟可到“农家乐·海鲜第一家”，各式各样的海味应有尽有，许多物美价廉的海鲜在城里尝不到，但在这里可尽情品享。鲜脆雪嫩的虾，纯脆细嫩的蟹，甘鲜稀嫩的生蚝，珍鲜水嫩的血螺，香甜鲜嫩的咸水鸭，清甜脆嫩的太阳螺……不腥不腻，美味可口，那回味何等悠长。饭后闲暇，若沿海湾前行，一条平坦宽敞的沿海村道，从后排村到美园到高呼到林市，十里长廊，处处画景，簇簇诗意，一边椰影婆娑，人在画中走，一边海波涟涟，心在诗中荡，何等惬意。每走一程，可寻通往海底村庄的古石阶、石板路，它总会牵动人的思绪无限拓展，让人想象的时空毫无止境伸延，一段段被淡忘的历史便在胸中苏活，焕发出生机来。浓荫深处，不经意可见千年古井，井围的青石条，刻有古色古香的文字，细细品读，一段悠远的历史便在眼前展开，小到乡间桑麻，田间杂趣，大到兵

红树林保护区

荒马乱，朝政更换，都能从这里寻到蛛丝马迹，它就是村里的一枚古镜，世间风云变幻，人间岁月沧桑，千年世事沉浮，一一如影如烟穿镜而过了。如今村里用上自来水，而这些曾经养育过一代又一代村民的古井，便成一道景观，让一批接一批的游人来瞻仰拜谒。林市村口那眼井，恐怕是当地最老的古井，清冽的井水，倒映着蓝天白云，好一卷深藏不露的画。转辘轳打水，清澈的画卷在桶中漾动化作涟漪，捧上一捧细品，诗情灵动的画景撩拨诗意盎然的心境，凉口爽身，怀古的沉重倏然卸载，心境豁然洞开。

从星辉村沿岸南行，海水中树丛渐多渐密，便是海生红树。红树为胎生树种，自四百年前琼北大地震后，便生长出此树，传说亡灵托生，何尝不是呢？株株亭亭径直，有如莲出淤泥而不染之傲态。继续前行不远，便到居亚洲第一的红树林。这是东寨港最繁茂之处，郁郁葱葱的红树深扎海水之中，宛若一团绿云飘坠海湾，在蓝天碧海中绿得发亮，翠色滚滚蜿蜒数十里，风摇翠涌，碧波荡漾。树丛奇鸟居多，加之每年秋冬之交，大批候鸟不远万里来此聚集，好不热闹。乘舟穿行林中水道，便进海底村庄，有鸟落船舷，调皮打声招呼又悠然飞去，人顿觉尘世杂念全无，实实在在与自然相融为一体。我突发奇想，捎株红树苗回城栽种花盆，当地人哧地一笑，红树志在大海汪洋，咋会恋你温室小皿。我确实小看了这些红树，即刻打消念头。

如今东寨湾畔九十二个自然村依托得天独厚的自然条件，人人走出家门，整环境，修村道，一天一个样，党政军企走进来，送信息，传技术，致富门路开。在星辉村，我亲历过一幕幕热火朝天的景象，不久后再返回村时，村民们三三两两在村头摆起地摊，特色水果，特色小工艺品，特色小吃……乡村特色在此聚集。村里美了，游人多了，这些地摊供不应求。村人见我，如同迎候归乡的游子，抢着为我砍椰子，递小吃，让我融化在这淳朴的热情中了。

【胜 迹】

游览建议路线

五公祠 · 苏公祠 · 海瑞墓 · 琼台书

海口名胜分布示意图

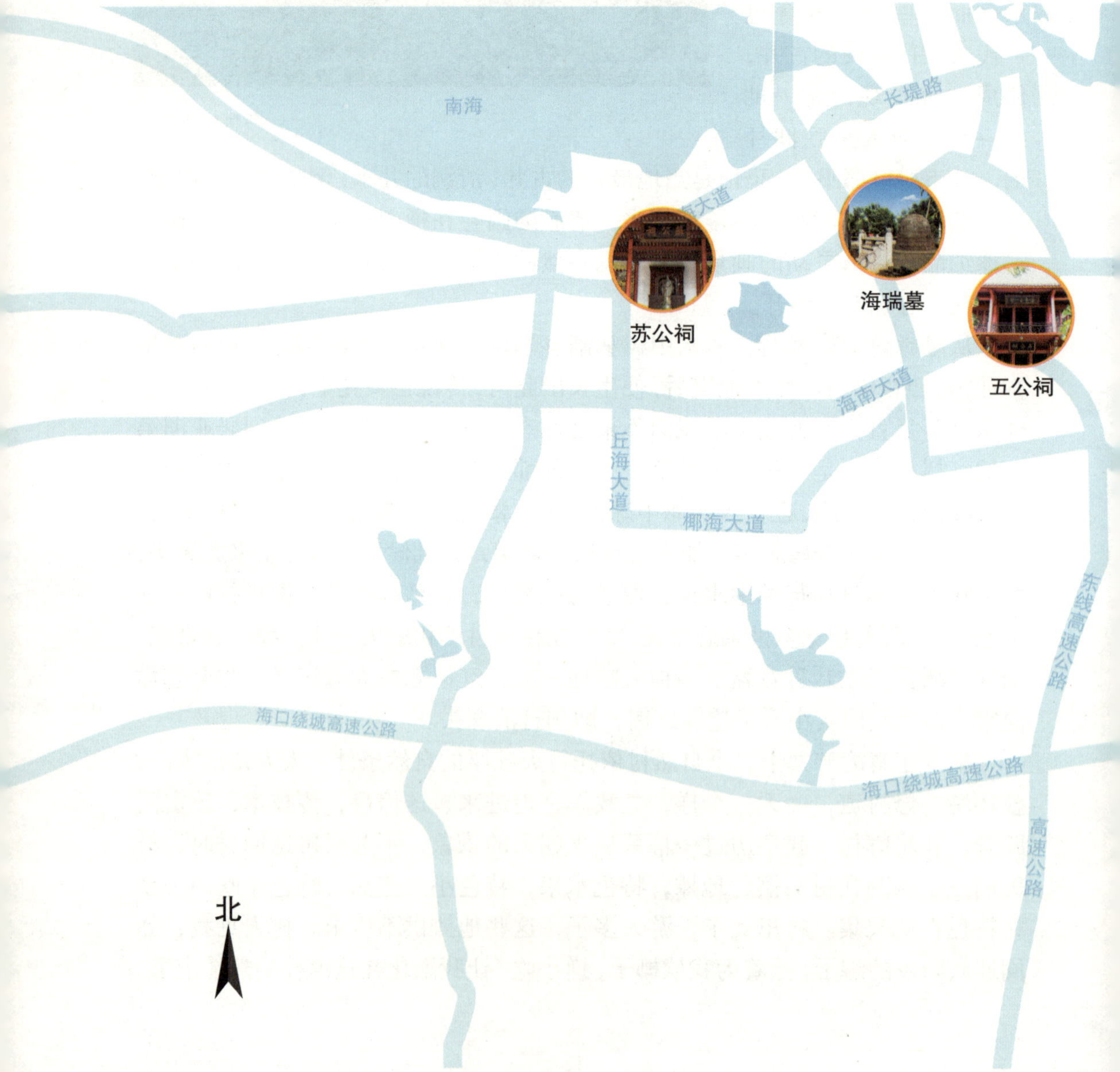

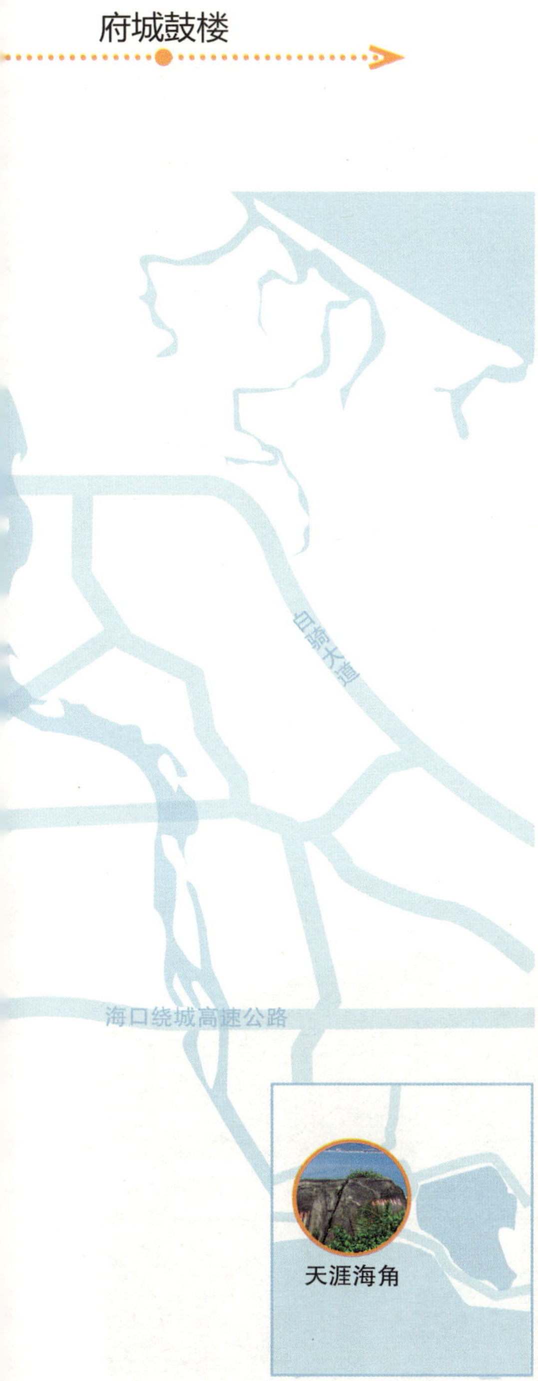

苏公祠

苏公祠是为祭祀苏东坡所建，祠内有一座石刻苏东坡像。北宋绍圣四年（1097）苏轼被贬海南岛，曾在这里暂住20多天。他得知当地群众饮水困难，于是开凿了俘粟泉和洗心泉。1915年，重修苏公祠时增建了粟泉亭、洗心轩、洞酌轩，统称为琼园。

海瑞墓

海瑞墓坐落在海口市西郊滨涯村，是当地百姓为纪念海瑞所建。海瑞是海南岛琼山县人，一生刚直不阿，有“南包公”“海青天”之美名。海瑞最初在福建做官，1564年，升任户部云南司主事，大胆革除弊端，惩办权奸，深得民心，但也得罪了不少权贵。1569年海瑞出任钦差总督粮道巡抚应天十府，但不久受到奸佞排挤，被罢官还乡为民，在琼山老家闲居16年。

澄迈驿通潮阁二首其一

【宋】苏　轼

倦客愁闻归路遥，眼明飞阁俯长桥。
贪看白鹭横秋浦，不觉青林没晚潮。
余生欲老海南村，帝遣巫阳招我魂。
杳杳天低鹘没处，青山一发是中原。

五公祠

五公祠又称“海南第一楼”，祠内祭祀着五位唐宋年间被贬海南的贤臣名相、忠义之士，他们是：李德裕、李纲、赵鼎、胡铨和李光。这五位精忠报国的名臣虽遭贬谪，但丹心不泯，在兴修地方公益事业、传播中原文化和培养人才方面，为当地人民做出不少贡献。

天涯海角

该名一说出自唐·吕岩的《绝句》：“天涯海角人求我，行到天涯不见人。”另一说出自韩愈的《祭十二郎文》：“一在天之涯，一在地之角。”后人便把它引申成“天涯海角”，比喻极其遥远的地方。另外，南朝陈·徐陵《武皇帝作相时与岭南酋豪书》有：“天涯藐藐，地角悠悠了，阴谋诡计面无由，但以情企。”宋张世南《游宦记闻》卷六也有：“今之远宦及远服贾者，皆曰天涯海角。”

【名篇】

海南杂忆

◎茅　盾

我们到了那有名的“天涯海角”。

从前我有一个习惯：每逢游览名胜古迹总得先找些线装书，读一读前人（当然大多数是文学家）对于这个地方的记载——题咏、游记等。

后来从实践中我知道这不是一个好办法。

当我阅读前人的题咏或游记之时，确实很受感染，陶陶然有卧游之乐；但是一到现场，不免有点失望（即使不是大失所望），觉得前人的十分华赡的诗词游记骗了我了。例如，在游桂林的七星岩以前，我从《桂林府志》里读到好几篇诗、词以及骈四骊六的游记，可是一进了洞，才知道文人之笔之可畏——能化平凡为神奇。

这次游“天涯海角”，就没有按照老习惯，皇皇然作“思想上的准备”。

天涯石

然而仍然有过主观上的想象。以为顾名思义，这个地方大概是一条陆地，突入海中，碧涛澎湃，前去无路。

海角石

但是错了。完全不是那么一回事。所谓“天涯海角”就在公路旁边，相去二三十步。当然有海，就在岩石旁边，但未见其“角”。至于“天涯”，我想象得到千数百年前古人以此二字命名的理由，但是今天，人定胜天，这里的公路是环岛公路干线，直通那里，沿途经过的名胜，有盐场、铁矿等：这哪里是“天涯”？

出乎我的意外，这个“海角”却有那么大块的奇拔的岩石；我们看到两座相偎相倚的高大岩石，浪打风吹，石面已颇光滑；两石之隙，大可容人，细沙铺地;数尺之外，碧浪轻轻扑打岩根。我们当时说笑话:可惜我们都老了，不然，一定要在这个石缝里坐下，谈半天情话。

然而这些怪石头，叫我想起题名为《儋耳山》的苏东坡的一首五言绝句：

突兀隘空虚，他山总不如。
君看道旁石，尽是补天遗！

感慨寄托之深，直到最近五十年前，凡读此诗者，大概要问声浩叹。我翻阅过《道光琼州府志》，在“谪宦”目下，知谪宦始自唐代，凡十人，宋代亦十人；又在“流寓”目下，知道隋一人，唐十二人，宋亦十二人。明朝呢，谪宦及流寓共二十二人。这些人，不都是“补天遗”的“道旁石”么？当然，苏东坡写这首诗时，并没料到在他以后，被贬逐到这个岛上的宋代名臣，就有五个人是因为反对和议、力主抗金而获罪的，其中有大名震宇宙的李纲、赵鼎与胡铨。这些名臣，当宋南渡之际，却无缘“补天”，而被放逐到这“地陷东南”的海岛作“道旁石”。千载以下,真叫人读了苏东坡这首诗同声一叹！

经营海南岛，始于汉朝；我不敢替汉朝吹牛，乱说它曾经如何经营这颗南海的明珠。但是，即使汉朝把这个“大地有泉皆化酒，长林无树不摇钱”的宝岛只作为采珠之场。可是它到底也没有把它作为放逐罪人的地方。大概从唐朝开始，这块地方被皇帝看中了；可是，宋朝更甚于唐朝。宋太宗贬逐卢多逊至崖州的诏书，就有这样两句："特宽尽室之诛，止用投荒之典。"原来宋朝皇帝把放逐到海南岛视为仅比满门抄斩罪减一等，你看，他们把这个地方当作怎样的"险恶军州"。

只在人民掌握政权以后，海南岛才别是一番新天地。参观兴隆农场的时候，我又一次想起了历史上的这个海岛，又一次想起了苏东坡那首诗。兴隆农场是归国华侨经营的一个大农场。你如果想参观整个农场，坐汽车转一转，也得一天两天。从前这里没有的若干热带作物，如今都从千万里外来这里安家立业了。正像这里的工作人员，他们的祖辈或父辈万里投荒。为人作嫁，现在他们回到祖国的这个南海大岛，却不是"道旁石"，而是真正的补天手了！

我们的车子在一边是白浪滔天的大海，一边是万顷平畴的稻田之间的公路上，扬长而过。时令是农历岁底，北中国的农民此时正在准备屠苏酒，在暖屋里计算今年的收成，筹划着明年的夺粮大战罢？不光是北中国、长江两岸的农民此时也是刚结束一个战役，准备着第二个。但是，眼前，这里，海南，我们却看见一望平畴，新秧芊芊，嫩绿迎人。这真是奇观。

还看见公路两旁，长着一丛丛的小草，绵延不断。这些小草矮而丛生，开着绒球似的小白花，枝顶聚生如盖，累累似珍珠，远看去却又像一匹白练。

我忽然想起明朝正统年间王佐所写的一首五古《鸭脚粟》了。我问陪同我们的白光同志："这些就是鸭脚粟么？"

"不是！"她回答，"这叫飞机草。刚不久，路旁有鸭脚粟。"

真是新鲜，飞机草。寻根究底之后，这才知道飞机草也是到处都有，可作肥料。我问鸭脚粟今作何用，她说："喂牲畜。可是，还有比它好的饲料。"

我告诉她，明朝一个海南岛的诗人，写过一首诗歌颂这种鸭脚粟，因为那时候，老百姓把它当作粮食。这首诗说：

五谷皆养生，不可一日缺；
谁知五谷外，又有养生物。
茫茫大海南，落日孤凫没；
岂有亿万足，垄亩生倏忽。
初如凫足撑，渐见蛙眼突。
又如散细珠，钗头横屈曲。

你看，描写鸭脚粟的形状，多么生动，难怪我印象很深，而且错认飞机草就是鸭脚粟了。但是诗人写诗不仅为了咏物，请看它下文的沉痛的句子：

三月方告饥，催租如雷动；
小熟三月收，足以供迎送。
八月又告饥，百谷青在垄；
大熟八月登，持此以不恐。
琼民百万家，菜色半贫病。
每到饥月来，此物司其命。
闾阎饱拌饼，上下足酒浆；
岂独济其暂，亦可赡其常。

照这首诗看来，小大两熟，老百姓都不能自己享用哪怕是其中的一小部分，而经常借以维持生命的，是鸭脚粟。

然而王佐还有一首五古《天南星》：

君看天南星，处处入本草。夫何生南海，而能济饥饱。
八月风飕飕，闾阎菜色忧。南星就根发，累累满筐收。

这就是说，“大熟八月登”以后，老百姓所得，尽被搜括以去。不但靠鸭脚粟过活，也还靠天南星。王佐在这首诗的结尾用了下列这样“含泪微笑”式的两句：

海外此美产，中原知味不？

茅盾（1896—1981）

原名沈德鸿，字雁冰，浙江嘉兴桐乡人，中国现代著名作家、文学评论家和社会活动家，五四新文化运动先驱者之一，中国革命文艺奠基人之一，主要作品有长篇小说《子夜》《蚀》《腐蚀》《霜叶红于二月花》，中篇小说《林家铺子》，短篇小说《春蚕》《秋收》《残冬》等。

天　涯

◎ 吴伯箫

访问海南岛的农场，我们路过了“天涯海角”。

唐朝宰相李德裕从潮州司马再贬崖州司户，曾有《登崖州城作》：“独上高楼望帝京，鸟飞犹是半年程。青山似欲留人住，百匝千遭绕郡城。”“天涯海角”就属古崖州。想象里那是很遥远的地方。

八十年代第一个春到“天涯海角”，我们是带着兴奋的心情的。快步走过一段沙石路，迈下海边并不修整的石台阶，迎面是一座半圆不方的巨大青灰色岩石，像海门的天然屏风。

岩石上刻着郭老的三首诗，第一首诗的开头说“海角尚非尖，天涯更有天”，概括而又明确地告诉了我们眼前的实际情况。我们来自辽阔的山河大陆，面前又是那无边的碧海汪洋。哪是天涯，哪是海角呢？人，依然屹立在天地

间水陆紧连的地方。一念突兀，感到时代的伟大、做人的骄傲了。论时令，正是冬季，北国飞雪纷纷，出门要戴皮帽，穿靰鞡，在屋里也要生炉子，烧火墙；这里却是炎炎的烈日当头，穿短袖衫，插葵扇，还是汗流浃背，最好是跳进大海里游泳，冲凉。看来“小小寰球”的确嫌小了，几个小时飞机就飞过了寒温热三带，而祖国是辽阔广大的。“天涯海角”也还是被包围在我们广漠的陆海中间。

在岸上，椰林凌霄；看海里，巨浪排空。“波青海面阔，沙白磊头圆”，又是郭老的诗写出了这一带的壮丽景色。天然啸聚在这里的磊磊奇石，像石林，像岩丛，青黝黝，圆滚滚，熊蹲虎踞，姿态万千。有的更像金水桥边的石狮子，坐镇南天门，气势雄伟，万钧巨力也难撼摇它一根毫毛。在一尊独立的圆锥形高大的岩石上，不知什么年代刻有“南天一柱”四个遒劲大字，看上去真有点象独支苍穹的样子。想到共工氏“怒而触不周之山，天柱折，地维绝”的远古年代，“女娲炼五色石以补苍天，断鳌足以立四极”，这可就是那时的遗物吗？不禁令人追慕宇宙洪荒世纪，原始巨人开天辟地业绩的宏伟了。

旅伴告诉我当地的一个神话传说：很久以前，从南来的贼船，抢掠渔民，霸占了停在海湾的渔船，欺压得渔民无家可归。忽然一只神鹰，在高高的天空，展开云幕一样的翅膀，撇下一阵巨大的圆石，把贼船砸个粉碎，挽救了渔民。那些圆石就至今散乱地留在海湾的沙滩上，成为千年万年惩罚侵扰渔民的贼船的见证。

《崖州志》记载：清朝雍正年间知州程哲在海湾一块巨石上面南写了“天涯”两字。“天涯”两字我看到了。上下款也刻了“雍正”“程哲”的字样。但是心里想：雍正年间离现在才二百五十来年，恐怕不是“天涯”命名的开始吧。就书法说，程哲的字笔力也太弱了。跟巨石比起来显得太小，跟海天的气势更不相称。站在退浪的平沙上，趁一时兴奋，不自量力，弯下腰去，伸出右臂，用手作笔奋力在沙地上也画了“天涯”两字。像做了一番不朽的事业，自我欣赏。字面在沙上，豪情刻在心里。不想字刚画好，一层海浪滚来把沙上的字抹掉了。激浪冲沙，洗刷得很彻底，“天涯”已了无痕迹。——这时涛声杂着笑声，一齐袭来。抬头寻笑声看去，是十多个男女青年海军把自己圈上了。个个伸出大拇指，连声叫“好！”原来他们正在赞赏沙上篆刻、五指书法呢。大家一一握手。谈起来知道他们都是上海初中毕业生，去年入伍，驻地不远，是趁星期天到“天涯海角”来逛逛的。谈得投机，兴致都来了，邂逅相遇，立刻成了忘年交。看他们朝气潮涌，英姿焕发，不禁还伸了拇指，回敬他们以祖国南大门的卫士，真正的当代神鹰。在旁边亲眼看到这一幕热闹场面的另一位旅伴，一时心热起来，便即席赠诗，诗的中间四句是，“手书‘天涯’沙滩上，大海惊喜急收藏；后人到此不见字，但闻涛声情意长。”表达了大家的欢快情怀。

字画在沙上，只能是海市蜃楼的倒影，是会瞬息即逝的。还是学自己喜爱的德意志诗人亨利希·海涅吧。他在《宣言》里抒写：

我用有力的手臂从挪威的森林里
拔下那最高的枞树，
深深地把它浸入
爱特纳炽热的喷火口
然后，用蘸着烈火的巨笔
我写在黑暗的天上……

就地取材，用海南岛上高耸挺拔的王棕作笔蘸火，我要写的将不是“天涯”，而是洋溢在内心里的真实的颂歌。从此，在天上闪耀着那燃烧的永不消灭的火字，而所有旅居异乡的游客和最远的一代代的子孙，都将欢呼地读着那天上的颂歌。颂歌的最强音，燃烧得最红的火字是“可爱的祖国”！

贪着畅怀遐想，海滩再里边另一尊岩石上还写着“海角”两字，我却失掉了欣赏的机会。归途被旅伴讥笑说:“不远万里来海南岛，却只看了‘天涯’而没看到‘海角’。”自己也真感到有些愧悔。幸而在海边跟旅伴一道奔驰游赏的时候，争着拾得了一些贝壳、海石花和玲珑剔透的上水石。带回首都，凭回忆和想象我要精心设计一盆盆景，放在座前案头，天天纵怀神游。盆景题目一定写全称——“天涯海角”。

吴伯箫（1906—1982）

原名熙成，笔名山屋、山荪，中国当代著名文学家和教育家。他的作品主要收集在《羽书》《黑红点》《北极星》《忘年》中。散文《南泥湾》《一坛血》《记一辆纺车》《菜园小记》《我没见过长城》等，曾作为范文收入在中学语文教材中。

部落童谣——海口意象札记

◎ 赵伯涛

我们的这座城市，袒露在平坦的海岸平原上，给人以温暖的部落的感觉。我想它也许与这座城市，甚至可以说与所有的城市的萌芽有关。也许那只是海边的一棵供渔民歇息的菠萝蜜树，或者只是一团荒野上的篝火，后来，就蔓延成了一个辉煌的城市。人们聚集在这里，把丛林留给了城外的旷野，把回忆的口吻和怀旧的情调带进城里，仿佛城市仍然有着古老的部落承诺一样。

我们还能嗅到哪些古老的气息呢？陈旧的骑楼上涂着白灰；石板铺着的小街，洒着莫名其妙的水痕；坐在门前竹席上抽水筒烟的老人，还有那被枇杷树遮掩着的光线暗淡的一座座祠堂、庙宇……从这里我们能够抚摸到这座城市

夏日南渡江

的皱纹吗？能听到某种苍老的叙述吗？实际上，我们知道了这座城市漫长的破碎的过去，与连绵不断的迁徙和漂泊的故事，堆积着，已经使我们疑惑和平淡了。虽然你知道，当巨大无比的海洋，在旁边摇来晃去的时候，这座城市是无法心平如水的。

但是，我们仍旧会觉察到一些细微的颤抖，细碎的变更，在温暖的城市的空气中闪烁。甚至我们会从那漂满浮杂物的海甸江面，从那焊接着防盗网的居民阳台上，从那长着野草的湖底沙洲里，感觉到一笔崭新的色调，涂抹在我们堆积的日常岁月上。也使得这座城市像一块烤熟的面包，糊着一层甜腻腻的奶油，但依旧洋溢着热烘烘的乡下稻田和麦田的味道，甚至我们会从码头汽笛悲凉的鸣叫声中，联想到童年的田野，田野里夕阳照耀下的牛群。

陌生的时刻常常会有的，但它总是与这座城市的人们有关。你会注意到来自长满野芭蕉林的地方的人们，和来自海峡对岸的人们，他们带着回归的惬意和冒险的怯懦，像马群一样踏入了城市，又像打渔人一样把网张开，渴望着在这儿捕捞到各色游动在陆地上的鱼。闪烁不定的霓虹灯，弄得他们面孔青蓝，眼珠血红。莫名其妙的音响，穿梭来往的汽车、摩托车群，都把一种紧张、呆滞、不安和奔忙拧成了一团情绪的洪流，滚在宽宽窄窄的街道和凸凸凹凹的路面上，使这座城市里的人们，飘浮不定，浮沉难测。你甚至会说，也许我们的城市本身就是由欲望堆积成的。

这座城市像一只硕大无朋的酒杯，盛满了我们欲望的苦酒。陌生的城市，陌生的人群，陌生的瞬间，陌生的情怀……我们终于知道它和我们的欲望有关。难道我们对自己也陌生了吗？富有活力的市场行为和利益交换，使得这座城市沸腾着。在白昼，在夜晚，在你凝神远眺，或者闭目遐想的时刻，都会感到城市的心脏在怦怦地跳动。你会感觉到城市中，近在咫尺的人们，却给予了你远在天涯的疏离；你会在读遍所有人的面孔之后，有了旅人惯有的漠然。

你会如此去想，这座城市中最美的珍藏隐匿在何处呢？我的友情，我的爱在哪里？甚至会想到：我们可以拥抱，可以亲吻，可以抚摸……但是，我们能够真情相爱吗？

渡过琼州海峡，奔向这座城市的人，在夜晚的海上，都会注意到灯塔所给人的惊讶印象：似乎我们从那柔和而苍凉的灯塔光芒中，能透析出这座城市的目光。如果说，海南岛是一座惯于向海平线眺望的岛屿，那么对于这座城市而言，它又承接了多少海峡对岸北方的深沉期待呢？

这是一座无雪的岛屿，无雪的城市；没有老虎，没有马群；连这儿的大海也不曾结冰。

一种凛冽，一种凶猛，一种潇洒和剽悍，似乎远远躲开了这座城市。可是，没有老虎和马群的部落，将会多么单调啊。在那平淡无奇，嘈杂无比的日常生活中，你会透过防盗网的玻璃窗，望见海面上的海鸥吗？你会谛听到船坞里传来的悲凉而深情的船笛声吗？你会在飞机呼啸而过的天空，寻找到黄土尘暴的迷濛吗？也许大海向这座城市，提供的只是漫长的思念和遥远的祝福，以及深沉的漂流。我们聚集在这儿，使这座城市充满了崭新的启迪。

也许我们会说，这儿的海鸥像鹰一样在飞，这儿的汽车、摩托群像虎豹般勇猛地穿行。

我们知道这座城市，把承诺深深蕴含在了一种甜美而忧伤的节奏中了。城市迅速地向四周、向郊外拓展，蔓延，正迅疾地变成了一个日趋辉煌的集贸广场。所有的人在回首、怀想的同时，已经把明天一千次地品味过了。

因此，我们说，这座城市是一枚娇嫩的花朵。它的一切都和这个时代悲壮地契合。我们从此起彼伏的打桩声中，深更半夜的卡拉 OK 歌声里，以及轰轰烈烈的城市噪音中，感觉到的依旧是一颗寂静的心；在夜晚、在黎明，在那亚热带的光辉从海平面上涌来时，这座城市呈现了它最富有诗意的反省时刻。

它太娇嫩了，以至于这个部落所呈现的气息，常常使我们疑惑不解或者兴高采烈。当我们惊讶地注意到亚热带的闪电，凌厉地悬挂在城市的上空时；当我们沐浴着绵绵不断的雨季，泡透了整座城市时；当我们踏过夜半遍布垃圾和纸屑的街巷时；甚至当我们仰头觉察到生硬的寒风，有力地摇摆着成群的椰子林时……我们从这颗寂静的城市的心中能听到诗吗？能听到诗的声响吗？能触摸到诗一样光荣的想象吗？能感觉到诗的情怀的滚烫吗？

这座娇嫩的城市正在成长。对于我们的爱，我们的友谊，我们的诗，和我们的想象，它没有作出音乐般的承诺。因为我们知道，这一切—这城市，这部落和这歌谣，都是我们的。而歌唱者和倾听者，恰是我们自己。

我和你共同唱着这支部落童谣。

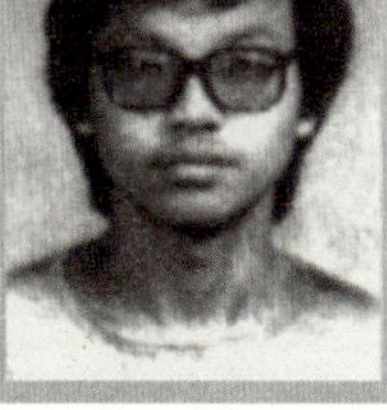

赵伯涛（1963—　）

湖南省作家协会理事，著有短篇小说《好汉命一条》《生命之卜》，中篇小说《天鹅》《生命在高原》《叙述的人》等。

【今作】

椰城的小巷

◎ 曾万紫

有人说，没有大街，海口或许依然是海口；没有小巷，椰城就难以是椰城了。如果你有机会在椰城海口的小巷里兜一兜，你会发现这里的小巷每一条其实都是不一样的。它们纵横交错，千姿百态，缠缠绵绵，柔和温顺，风情万种……

有些小巷很长，有些小巷很短，长的也许需要两个小时才能走完，短的仅几步路而已；有些小巷很弯曲，有些小巷很笔直，弯曲的就像小羊的肠子，常常使外人“误入歧途”，而笔直的却犹如一条长长的杆子，一眼能望见它的另一端出口；有些小巷的名字响当当，而有些小巷却从来就“没名没分”。无论长的短的弯的直的，无论有名还是没分的，它们都真实

达士巷古道

地存在着，同样披有一层幽幽深深的神秘色彩。当我们提到某条“没名没分”的小巷时，只要说某某大厦对面那条，或说某某高场旁边那条就可以了。

椰城的小巷里居住的都是原始的海口居民，大多是普通人家。多少年来，他们依照一种无声无色的力量繁衍生息着，活出了自己平凡而真实的人生，并且使小巷保留了一种原汁原味淳朴自然的椰城古风。20 世纪 70 年代末我上小学的时候，当时的海口，高楼大厦并没有多少，游乐场所也不多，羊肠般的小巷便是孩子们的乐园。每天上学放学，我们呼朋唤友，从巷头一直逛到巷尾……生命似乎是缓慢的，阳光似乎也是缓慢的，在被阳光所照射到的每一个阶段，其进程也是缓慢的。今天，当我再次漫无目的地走在这些小巷里的时候，才感叹岁月流逝的无奈。

于是我便有意识地在思绪里拉长和凝固那种缓慢——那一条条巷子，它们都是一条条流淌着生活暖流与生命色彩的小河啊。每每路过，总使我想起许多熟悉亲切的面孔……

如果你问一些外地的朋友，海口人喜欢喝什么，许多人或许会回答“椰子汁”，因为椰子是海南特产，椰子汁是享誉全国的一种饮料。可是外地人也许没想到，海口人真正喜欢喝的却是“老爸茶”。在许多小巷里，你会看到很多的老爸茶店，从早到晚，热闹非凡。其实那是一种大众休闲的生活方式，